세상에 대하여
우리가
더잘 알아야 할
교양

39

지은이 | 옮긴이 | 감수자 소개

지은이 앤드루 랭글리

수많은 어린이 책의 저자로 특히 역사와 환경에 관심이 많습니다. 《중세 시대 사람들은 어떻게 살았을까(Medieval Life)》《역사 신문: 로마편(History News: The Roman News)》《바이킹 탐험가는 힘들어!(You Wouldn't Want to Be a Viking Explorer!)》《알렉산더 대왕: 고대의 위대한 정복자(Alexander the Great: The Greatest Ruler of the Ancient World)》《플라스틱: 생활 속 물질 이야기(Plastic: Everyday Materials)》《금속: 생활 속 물질 이야기(Metal: Everyday Materialsl)》《유리: 생활 속 물질 이야기(Glass: Everyday Materials)》《암호와 해독(Codes and Codebreaking)》《다빈치와 그의 시대(Da Vinci And His Times)》《셰익스피어의 글로브 극장(Shakespeare's Theatre)》 등 200여 권의 책을 썼습니다.

감수자 마이클 마스트란드리

환경과학자로서 기후 변화의 대처 방안에 대해 연구하고 있습니다. 스탠퍼드 대학에서 강의하는 틈틈이 어린이 책을 포함한 여러 종의 환경, 과학 서적을 감수했습니다.

옮긴이 이지민

고려대학교 건축공학과를 졸업하고 건설회사에서 설계 및 기획을 담당하다가, 책 번역에 매력을 느껴 번역가의 길을 걷기 시작했습니다. 이화여자대학교 통번역 대학원 번역학과를 졸업했으며, 여행, 건축, 미술, 문학, 심리, 과학 등 다방면에 대한 관심을 살려 전문 번역가로 일하고 있습니다. 《북유럽 스타일: 북유럽 예술가들의 집, 인테리어, 디자인》《5분 동기부여》《철도, 역사를 바꾸다》《세상에 대하여 우리가 더 잘 알아야 할 교양 28: 정치제도 민주주의가 과연 최선일까?》《사춘기 여자아이들을 위해》《스칸디나비안 모던 홈》《철학 가게》 등을 우리말로 옮겼습니다.

감수자 김종덕

경남대학교 사회학과 교수며 슬로푸드문화원 이사장으로 활동하고 있습니다. 현대의 먹거리가 시간과 공간의 맥락을 잃은 정체불명의 먹거리라는 인식하에 현존하는 세계 식량 체계와 그 대안인 지역 식량 체계를 연구하고 있습니다. 《음식문맹자, 음식시민을 만나다》《비만, 왜 사회 문제가 될까?》《먹을거리 위기와 로컬 푸드》《슬로푸드 슬로라이프》《농업사회학》《원조의 정치경제학》《어린이 먹을거리 구출 대작전》《음식문맹, 왜 생겨난 걸까?》를 썼고, 《미래를 여는 소비》《맥도날드 그리고 맥도날드화》《슬로푸드 맛있는 혁명》《로컬푸드》《슬로푸드 느리고 맛있는 음식 이야기》를 우리말로 옮겼습니다.

세 상에 대하여
우리가
더잘 알아야 할
교양

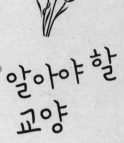

앤드루 랭글리 글 | 이지민 옮김
마이클 마스트란드리 · 김종덕 감수

39

기아

왜 멈출 수 없을까?

내인생의책

차례

※ 본문의 **굵은 글씨**로 표시된 단어는 102페이지 용어 설명에서 찾아보세요

8억 7천만. 2014년 현재 지구상에서 기아에 시달리는 사람의 수입니다. 지구에 사는 사람 가운데 여덟 명 중 한 명은 식량 문제 때문에 고통을 겪고 있다는 얘기지요. 우리나라에서도 통계상이지만 2013년을 기준으로 대략 250만 명 정도의 사람이 하루하루 끼니를 걱정하는 상태에 놓여 있다고 해요. 2013년 보건복지부의 통계에 따르면 우리나라의 결식 위험 아동 수도 41만 6천 명에 이르지요.

사람이 제때 식사를 하지 못하면 어떤 일이 벌어질까요? 우선 배고픔의 고통을 겪고 건강에 문제가 생기겠지요. 어릴 때 잘 먹지 못한 아이들은 성장에 장애가 생기기 쉽습니다. 영양 섭취가 부족하면 면역력이 떨어져 갖가지 병에 걸리기 쉽고 걸려도 잘 낫지 않지요. 눈이 나빠지기도 하고, 팔다리가 뒤틀어지는 구루병에 걸리기도 합니다. 영양 결핍이 지나치면 뇌에까지 영향을 주지요. 그런데 기아는 개인은 물론 사회에도 치명적입니다. 기아에 시달리는 나라는 성장할 수 있는 기회를 잃어버리고 마니까요. 또 만성적인 식량 폭동에 시달립니다.

기아는 왜 일어나는 걸까요? 기아는 여러 가지 이유로 발생합니다. 급격하게 늘어난 인구를 식량 수확량이 따라가지 못하거나 내전과 전쟁으로 식량 수급이 힘들어지면 기아가 생겨나지요. 농지가 사막으로 바뀌어서 식량 부족에 허덕이거나 가뭄이나 홍수 같은 자연 재해가 잦아 제대로 농사를 짓지 못해 기아를 겪는 경우도 있어요.

하지만 오늘날 기아가 발생하는 원인은 빈곤인 경우가 많습니다. 주변에 식량이 있어도 안정적인 소득이 없기 때문에 식량에 접근할 수 없는 사람들이 적지 않아요. 농업도 하나의 산업이 되어 버린 오늘날에는 농부들도 경작한 수확물을 직접 먹기보다는 작물을 시장에 내다 판 수익으로 식량을 구입합니다. 그러나 최대 이윤을 추구하는 거대 기업은 이러한 생계형 농민의 이윤까지 가만히 두지 않아요. 거대 기업이 땅을 전부 사서 농민들을 소작농으로 만든 다음 경작한 대가의 대부분을 가져가는 바람에 정작 농민은 자기가 먹을 식량조차 부족하게 된 경우도 많아요.

이런 상황에서 우리가 할 수 있는 일은 무엇이 있을까요? 산업형 농업이 아닌 대안 농업을 지지하는 거예요. 또한 기업이 대량으로 생산한 먹을거리나 식품을 사기보다는 작은 농가에서 생산한 식량을 구입하거나, 가급적이면 사는 곳 주변에서 생산된 식재료로 만든 음식을 먹는 것이 좋지요. 농부에게 보다 많은 몫이 돌아가는 공정 무역 상품을 애용할 수도 있어요. 구호 사업이나 기아 퇴치 운동에 참여하거나 기부하는 것도 훌륭한 방법입니다.

하지만 무엇보다 중요한 건 기아에 대해 제대로 알고 바른 시각을 갖는 일입니다. 우리 주변이든 지구 건너편의 낯선 나라이든 사람들 중에는 지금도 끼니를 걱정하는 사람이 많다는 걸 잊지 말아야 해요. 기아가 어떻게 일어나는지, 어떤 사람들이 기아로 고통받는지 알 수 있다면 무엇을 해야 할지도 스스로 깨우칠 수 있을 거예요.

이 책은 기아의 원인과 현실 그리고 기아 퇴치를 위한 갖가지 방법을 풍부한 사례와 함께 다루고 있습니다. 이 책으로 기아에 대한 바른 시각을 갖게 되기를 바랍니다.

경남대학교 사회학과 교수, 슬로푸드문화원 이사장 **김종덕**

들어가며 : 풍요의 시대, 굶주림의 시대

1845년, 당시 영국령이던 아일랜드에서 인류 역사상 최악의 대기근이 발생했습니다. 약 5년간 벌어진 대기근으로 아일랜드에서는 전체 인구의 약 4분의 1이 기아로 사망하고, 4분의 1 정도가 해외로 기약 없는 이민을 떠나야 했습니다. 설상가상으로 이민을 떠난 사람들 중 3분의 2가량은 이민 중에 배에서 얻은 돌림병으로 세상을 떠났지요. 대기근 이전 800만에 달하던 아일랜드의 인구는 대기근 이후에는 절반인 400만으로 줄어들었습니다. 역사가들은 이 사건이 19세기 최대의 대재앙이라고 입을 모아 말하고 있습니다. 이토록 끔찍한 일이 일어나게 된 원인은 무엇일까요?

우리는 땅의 주인이 아니다

아일랜드는 영국의 **식민지**였습니다. 농지의 대부분은 영국에서 온 이민자들이 차지해 버렸고, 아일랜드 사람은 자신의 땅이었던 농지에서 소작을 하며 살아야 했습니다. 농지에서 재배하는 밀과 옥수수조차 소작료로 빼앗겨야 해서 정작 소작인들은 자투리땅에 심은 감자로 끼니를 연명

아일랜드는 밀 수출국이었지만 수확량의 대부분은 영국인 지주들의 차지였다. 농민은 세 끼 모두를 오직 감자만으로 연명해야 했다.

해야 했지요.

이런 상황에서 감자마름병이라는 재앙이 아일랜드 전역을 덮쳤습니다. 감자마름병은 감자가 시커멓게 변해 먹을 수 없게 되는 병입니다. 주식이 없어지자 아일랜드 전역에서 사람들이 기근으로 죽어 나가기 시작했지요.

부족하지 않은 식량

많은 사람이 굶주림으로 죽어 가고 있었지만, 아일랜드 전체로 보면 식량은 넉넉하다고 할 만큼 풍부했습니다. 농지에서는 밀과 옥수수가 실하게 자랐고, 그 수확량은 아일랜드 사람 전체를 몇 년 동안 먹여 살리고도 남을 정도였습니다. 그러나 수확물의 주인은 아일랜드 사람이 아니라 영국인이었습니다. 영국은 군대까지 동원하여 밀과 옥수수를 빼앗아 자기네 나라로 가져갔습니다. 아일랜드에도 밀이 조금 남았지만, 불행히도 아일랜드 사람들에게는 그걸 사먹을 돈이 없었지요. 심지어 영국인 지주들은 소작료를 내지 못하는 농민들을 강제로 농지 밖으로 추방까지 해 버렸어요. 거리는 굶어 죽은 시체들로 발 디딜 틈이 없었지요. 배고픈 농민들이 지주의 창고 앞에서 시위를 했지만 그것도 공권력에 의해 매번 강제로 해산되고 말았답니다.

자유방임주의

해를 넘기자 사태는 점점 심각해졌습니다. 겨울에는 사상 유례가 없는 폭설과 한파가 닥쳐 엎친 데 덮친 격으로 많은 사람들이 동사로 죽음을 맞았지요. 더구나 당시 영국은 경제적으로 **자유방임주의**를 추구하던 시기였습니다. 자유방임주의란 개개인에게는 경제활동의 자유를 최대한 보장하고 정부는 최소한의 조정만 하는 거예요.

그러다 보니 "가난은 다 스스로 노력하지 않은 탓이다." "가난한 자를 도와주면 가난한 자는 더 게을러진다." "고생은 신이 주는 시련이다."라는 말이 당연시 되던 시기였습니다. 식량 원조는 최소한으로만 제공되었고, 그나마도 도시와 항구 부근에서만 얻을 수 있었지요. 심지어는 국제 사회에서 보내 온 원조를 영국이 체면을 따지며 거절하는 경우까지 생겼어요. 다른 나라가 영국보다 원조를 많이 하면 지배국의 위신이 서지 않는다는 이유에서였지요. 훗날 이와 비슷한 일이 일본에게 무단 점령을 당했던 한국에서도 벌어졌습니다.

대기근이 일어난 다음 해, 브리지트 오도넬은 임대료가 밀려서 11월에 집을 잃어야 했다. 오도넬은 움막을 짓고 살았고, 7일쯤 지내다가 유산을 했다. 3주 뒤에는 가족 모두가 열병에 걸렸다. 13살짜리 아들은 허기에 시달리다 죽음을 맞이했다.

기아의 원인

지금까지 학자들은 기아의 원인을 **가뭄**이나 홍수, 한파 혹은 병충해 같은 천재지변에서 찾는 경우가 많았습니다. 때로는 인구의 급격한 증가에서 원인을 찾기도 했습니다. 맬서스처럼 사회가 발전하며 늘어난 인구를 식량 생산이 따라가지 못할 때 기아가 발생한다고 주장하는 학자들도 있었지요. 전쟁이나 내전으로 농지가 불타고 식량 수입이 곤란해지면서 기아가 발생하는 경우도 잦았습니다.

하지만 오늘날 많은 학자들은 역사상 식량이 부족하지 않을 때에도 기아가 발생했다는 점을 지적합니다. 위에서 예로 든 아일랜드 대기근의 경우에도 절대적인 식량은 결코 부족하지 않았습니다. 문제는 자국에서 생산한 식량 대부분이 수출이라는 이름으로 해외로 흘러 나갔고,

국민들은 자급자족한 구황 작물에만 의존해야 하는 척박한 현실인 거죠.

세계 제일의 농산물 수출국인 브라질 역시 자국민의 상당수가 기아에 시달리고 있어요. 선진국인 유럽에서도 빈곤층의 절대 다수가 기아에 시달리기는 마찬가지지요. 그래서 최근에는 식량의 생산, 소비와 함께 식량 자원과 부의 분배 역시 기아의 중요한 원인으로 고려하고 있습니다. 오늘날 기아의 문제는 정치의 문제에서부터 다국적 기업의 위상, 국가 간 외교와 무역, 종교 문제까지 폭넓은 분야를 포괄하고 있지요.

이제부터 우리는 기아의 원인과 현실, 그에 따른 해결책까지 차례대로 알아볼 것입니다. 무엇을 기아라고 부르는지, 기아는 어떤 문제를 일으키고 무엇 때문에 일어나는지, 실제 일어났던 그리고 지금도 일어나고 있는 사례를 통해 폭넓게 알아봅니다. 마지막으로 기아 문제의 해결을 위해 우리가 할 수 있는 일은 무엇이 있을지 알아보도록 합시다.

1
CHAPTER

기아란
무엇인가?

단지 몇 시간 동안 아무것도 먹지 못하는 상태를 가리켜 '기아'라고 부르지 않습니다. 기아란 짧게는 몇 주에서부터 길게는 몇 년 동안 심각한 굶주림에 시달리는 상태를 말합니다. 오랜 기간 지속적으로 기아에 시달리다 보면 건강을 크게 해칩니다. 굶주림으로 사망에 이르는 경우도 있지요. 그리고 기아로 사망하는 사람들은 대개 가난한 사람들입니다.

텔레비전이나 뉴스에서 기아로 고통 받는 사람의 모습을 본 적이 있을 거예요. 어쩌면 자선 단체의 홍보물로 접했을 수도 있겠지요. 기아와 관련된 사진과 영상은 대체로 이런 장면을 담고 있지요. 배가 뽈록 튀어나오고 팔다리는 비쩍 마른 아이들과, 물과 식량을 얻기 위해 길게 선 행렬을 보여주고, 그와 함께 굶고 있는 사람들과 아이들의 통계 수치를 수시로 자막으로 비춰주거든요. 그런데 그런 모습을 보면 어떤 생각이 드나요? 혹시 "저 사람들이 굶은 건 게으르기 때문이야."라든가 "아무 일이나 하면 될 텐데, 왜 저기서 줄을 서 있을까?"라는 생각을 하지는 않았겠지요?

기아 문제를 정확하게 바라보기 위해서는 우선 이 문제가 개인의 문제라고 생각하는 선입견부터 버려야 합니다. 오늘날 기아에 시달리는 사람들은 대부분 자신의 의사와는 상관없이 배를 굶을 수밖에 없는 악순환에 빠진 사람들이지요. 기아에 시달리는 국가가 많은 아프리카 대륙을 한번 예로 들어볼까요?

아프리카는 인류의 발상지입니다. 주요 고대 문명인 이집트 문명인 시작된 곳이기도 하고. 다이아몬드나 금 같은 값비싼 자원이 풍부한 곳

한 곳에서는 끼니를 걱정하는 반면, 다른 곳에서는 남아도는 음식을 매립지에 묻어 버리고 있다. 대한민국에서도 하루에 버려지는 음식물 쓰레기는 8톤 트럭으로 1,880대에 달한다.

이지요. 논이나 밭농사를 짓기에는 좋지 않은 자연환경이지만 대신 고무, 카카오, 커피 같은 환금 작물이 잘 자라서 경제적으로든 문화적으로든 여러 모로 발전 가능성이 높은 곳이었습니다. 그러나 15세기 이후 서구 국가의 침략이 시작되면서 아프리카 지역은 비극의 대명사로 불리게 됩니다. 서구 사람들은 아프리카 사람들을 노예로 잡아가기도 하고, 아프리카의 땅을 멋대로 점령해서는 그곳 주민을 소작농으로 만들어 버렸어요.

많은 서구 국가들이 경쟁적으로 아프리카에 식민지를 만들었지요. 원래 살던 지역에 멋대로 국경선을 그어 아프리카에는 셀 수 없이 많은 국가가 생겨났지요. 이렇게 복잡해진 국경선은 훗날 아프리카 사람들이 서구 국가로부터 독립을 선언할 때쯤 문제를 더 복잡하게 만드는 하나의 원인이 되고 말았습니다. 새로 생긴 나라끼리 전쟁을 벌이거나, 나라 안에서도 내전이 벌어지게 하는 단초를 제공하는 데 큰 역할을 한 거지요.

오늘날 아프리카에서 기아에 시달리는 국가의 다수는 내전이나 전쟁 같은 극한 상황에 놓여 있습니다. 전쟁을 하는 동안에는 농사를 지을 수도 없고, 음식을 구하러 나서는 데도 생명을 걸어야 하지요. 우리 주변에서는 흔하게 볼 수 있는 슈퍼나 마트, 시장조차 마음 놓고 다닐 수 없는 나라가 대부분입니다. 일자리를 구할 수 없는 건 물론이고요. 이런 상황에서는 개개인의 힘으로는 아무리 노력해도 가난과 기아 상태를 벗어날 수 없는 건 어찌 보면 당연합니다.

부패한 정치 역시 이들 지역의 기아 문제에 일조하고 있습니다. 국가가 혼란한 틈을 타 쿠데타나 부정 선거 같은 그릇된 방법으로 국가 권력을 손에 넣은 정치가들은 자신들의 배만 부르면 상관없다는 식으로 처신하는 경우가 많습니다. 이들은 국민이 잘살고 못사는 일이나, 교육 그리고 국가의 발전 따위에는 그다지 관심이 없습니다. 그저 땅을 독점하여 농지에서 나는 수확물과 이득을 챙기거나, 금광이나 다이아몬드 광산 같은 자원을 팔아 자기네들 부를 불리는 일에만 열심이지요.

가난과 기아

그런데 지구 반대편, 머나먼 아프리카 나라에서만 기아 문제가 생기는 건 아닙니다. 선진국에서조차 기아로 시달리는 사람의 수가 적지 않아요. 우리나라도 마찬가지이지요. 2013년을 기준으로 대한민국 국민 중 230만 명 남짓한 사람들이 매일같이 끼니를 걱정한다고 합니다.

주변에서 기아에 시달리는 사람을 본 적이 있나요? 만약 살면서 그런 사람을 본 적은 없다고 해도 불우이웃이나 결식아동이라는 말은 한번쯤 들어 보았겠지요. 그런데 혹시 이번에도 "일하면 될 걸 왜 밥을 굶는 거야?"라는 생각을 하지는 않겠지요?

저 먼 아프리카 사람들의 기아가 개인의 탓이 아니듯, 우리 주변에서 일어나는 기아 역시 개인의 탓만이 전부는 아닙니다. 기아는 많은 부분 빈곤에서 비롯합니다. 돈이 없으면 먹을 것을 구할 수도, 농사를 지을 땅을 구할 수도 없으니까요.

돈이 없으면 취직을 하면 된다고요? 물론 열심히 일해 저축해서 사는 사람도 있겠지요. 하지만 어느 나라든 모든 사람을 빠짐없이 취직시킬 만큼 일자리가 풍족한 나라는 없습니다. 더구나 세상에는 아무리 열심히 일해도 빈곤을 벗어날 수 없는 일자리도 존재하지요. 특히 빈곤 국가일수록 그런 일자리가 많습니다. 빈곤에 시달리지만 제대로 된 일자리를 구할 수 없는 경우도 있어요. 나이가 많다든가, 지나치게 어린 경우가 그렇지요. 독거노인이라든가 소년소녀가장이라는 말을 들어 본 적이 있을 거예요.

가난은 기아의 원인이기도 하지만 가난 자체가 대물림될 확률이 높다는 점 때문에 해결하기가 더 요원해집니다. 가난한 사람은 풍족한 교육을 받을 기회가 상대적으로 적고, 자라면서 부를 쌓을 기회 역시 많이 제한을 받습니다. 가난한 이들은 낳은 아이에게도 충분한 양육 조건을 제

▌ 영양실조로 가장 큰 고통을 겪는 사람은 소말리아 같은 가난한 국가의 어린이들이다.

공할 수 없고, 그 지점 때문에 가난한 사람의 아이들은 부모와 마찬가지로 빈곤층에 머물 확률이 높아질 수밖에 없는 거죠. 가난한 사람은 점점 더 가난해지고, 이들의 자식 역시 부족한 환경을 벗어나지 못하는 현상은 어느 국가에서건 심각한 사회적 문제예요.

인간은 모두 평등하다

기아는 개인의 현재와 미래를 빼앗고, 나아가 국가와 문명 그 자체의 존립을 뒤흔드는 문제입니다. 국가 안으로 한정하면 기아는 사회 통합을 막고, 국가 성장을 위협하는 심각한 요소이지요. 국가와 국가 사이의 관계로 따져보면, 오늘날 기아는 외교적으로 인접한 국가의 사회와 경제에 악영향을 끼칠 수 있는 중요한 안건입니다. 하지만 이 모든 이유를 떠나

쌀은 동아시아인에게 가장 중요한 주식이다. 주식으로 먹는 작물의 농사를 망칠 경우 많은 사람이 굶주릴 수 있다.

인간은 모두 평등하게 태어난 존재입니다. 저마다 인간다운 생활을 영위하고 각자의 꿈을 키워 나갈 권리가 있어요. 개개인으로서도, 국가로서도 기아 문제 해결에 발 벗고 나서야 할 이유가 여기 있는 거죠.

1976년, 국제연합(UN) 회원국들은 "모든 인간은 굶주림에서 벗어날 기본적인 권리가 있다."라고 선언했습니다. 그 뒤로 각국 정부와 국제 자선단체들은 식량 부족으로 어려움을 겪는 지역에 충분한 양의 식량을 공급하기 위해 다각적인 노력을 기울여 왔습니다. 하지만 아직도 기아 문제는 해결되지 않고 있지요.

지금도 세계 곳곳에는 식량 부족으로 큰 고통을 겪고 있는 사람이 넘쳐납니다. 개중에는 오랫동안 제대로 먹지 못해서 건강은 물론 생명까지 위태로운 상황에 놓인 사람도 적지 않지요. 더구나 기아에 위협받는 사람들은 내전이나 전쟁, 무정부 상태 같은 혼란한 국가의 국민인 경우가 많고요. 비교적 잘 사는 국가에서도, 기아 문제를 겪는 사람들은 가난한 사람들입니다. 가난과 함께 기아도 대물림되면서 미래 사회에 큰 고민을 안겨 주고 있어요.

앞서 말했듯 인간은 모두 평등합니다. 혼란한 국가에 태어났다고 해서, 가난한 가정의 아이로 태어났다고 해서 당장 끼니를 걱정하고, 미래의 희망까지 앗아가는 상황을 강요해서는 안 되겠지요. 그래서 전 세계 사람들은 기아의 원인을 따져보고, 어떻게 하면 기아에 시달리는 사람들을 사라지게 할 수 있을까 고민하고 있습니다.

이제부터 우리는 기아의 원인에 대해 하나하나 알아 볼 거예요. 여기에는 인구 증가와 농토의 감소처럼 어렵지 않게 떠올릴 수 있는 이유도 있고, 지구온난화의 결과나 생산과 분배 문제와 같은 조금 생각해 보아

생각해 보기

각국의 정부와 국제 자선 단체는 기아 문제를 해결하기 위해 수많은 방안을 만들어 지원하고 있다. 자본의 투입, 식량 제공, 기반 시설에 대한 투자와 지원, 농사 기술 교육 등의 다각적인 방법을 사용해 기아 문제를 해결하기 위해 노력은 하고 있다. 하지만 이런 노력들은 당장 굶주리는 사람들에게는 허기를 면하게 할 수는 있지만, 기아 문제를 근본적으로 해결하는 데는 한계가 있을 수밖에 없다. 왜냐하면 가난과 기아가 서로 얽히고 설킨 악순환의 고리를 근본적으로 끊어 내야 하기 때문이다. 그러기 위해서는 어떻게 해야 할까?

야 할 이유도 있어요. 그러나 어느 경우든 개개인이 어쩔 수 없는 사회와 정치 문제, 자본의 횡포 등이 매번 그림자를 드리우고 있다는 사실 역시 조금씩 깨닫게 될 겁니다. 그리고 인류가 기아 문제를 해결하기 위해 해온 일들과, 단순히 끼니를 굶는 기아가 아닌 인간다운 식사, 즉 건강한 식단에 대해 살펴보도록 합시다.

사례탐구 아이티의 진흙 쿠키

아이티의 수도 포르토프랭스에 거주하는 열여섯 살 소년 샬린 뒤마는 배고픔을 달래기 위해 아이티의 민간요법에 의존하고 있다. 샬린은 매일 식사 대용으로 진흙으로 만든 쿠키를 먹는다. 진흙 쿠키는 아이티 고원에서 날아오는 황사를 뭉쳐서 말린 것이다. 현재 아이티에서는 흙과 소금, 식물성 기름으로 만든 진흙 쿠키가 사람들의 주식이 되어가고 있는 형국이다.

"먹을 수 있는 것이 전혀 없을 때에는 하루에 세 끼를 진흙 쿠키로 때우기도 해요."라고 샬린은 고백한다.

진흙 쿠키는 굶주림을 극복하기 위한 아이티 사람들의 필사적인 노력을 상징하고 있다. 아이티 사람들이 진흙으로 만든 쿠키를 먹을 수밖에 없는 상황이 벌어진 데는 다양한 원인이 있다. 우선 아이티는 섬으로 이루어진 국가인데, 식량 대부분을 수입에 의존하고 있었다. 국제 시장에서 식량의 가격이 치솟자 가난한 아이티 사람들은 높은 식량 가격을 감당할 수 없게 되었다. 엎친 데 덮친 격으로, 지난 몇 년간 아이티에서 생산되던 농작물마저 홍수와 태풍으로 흉작이 되고 말았다.

간추려 보기

- 기아의 원인에는 여러 가지가 있지만 오늘날에는 빈곤을 가장 큰 원인으로 꼽고 있다.
- 빈곤과 마찬가지로 가난 역시 대물림되는 현상이 심각한 사회적 문제를 낳고 있다.

2
CHAPTER

인구 증가와 기아

인구 증가가 기아의 원인일까요? 교통과 운송 수단이 발달하지 않고 자급자족을 하던 과거에는 인구 증가가 기아의 중요한 원인이었겠지요. 그러나 지구 전역이 촘촘하게 연결된 오늘날에는 인구 증가가 여전히 기아의 원인인지 진지하게 다시 한 번 생각해 볼 필요가 있어요.

사람은 살기 위해 식량과 물을 필요로 합니다. 사람만이 아니라 동물과 식물 모두 영양과 물을 섭취하지 않으면 생존할 수 없지요. 사람이 필요에 의해 기르는 **가축**과 논밭에서 키우는 작물도 물이 필요하고 적당한 영양소를 공급해 주어야 합니다. 하지만 식량과 물은 지역별로 얻을 수 있는 양이 정해져 있고, 부족하면 다른 지역에서 들여와야 하지요.

세계에는 어마어마하게 많은 사람이 살고 있습니다. 경우에 따라서는 좁은 지역에 지나치게 많은 사람이 모여 사는 경우도 있어요. 그런 지역은 인구가 증가하는 속도 역시 엄청나지요. 과거에는 세계 인구가 증가하는 추세가 가팔랐습니다. 1950년대에는 약 25억 명이었던 세계 인구가 2012년에는 70억 명까지 증가했으니까요. 지금도 다소 완만해지기는 했지만 세계 인구는 꾸준히 증가하고 있어요. 전문가들은 2050년에 이르면 세계 인구가 90억 명에 육박할 것이라고 예측합니다.

그렇다면 인구 증가가 기아의 직접적인 원인일까요? 물론 지금도 몇몇 지역에서는 지나치게 늘어난 인구가 식량 부족에 큰 영향을 끼치기도 합니다. 교통과 운송 수단이 발달하지 않고 자급자족을 하던 과거에는 인구 증가가 기아의 중요한 원인이었겠지요. 그러나 지구 전역이 촘촘하게 연결된 오늘날에는 인구 증가가 여전히 기아의 원인인지 진지하게 다시 한 번 생각해 볼 필요가 있어요.

인구 증가 속도

인구는 왜 이렇게 가파르게 증가했을까요? 이유는 간단합니다. 출산율은 계속해서 증가하는데 사망률은 꾸준히 감소했기 때문이지요. 의약품과 의료 기술이 발달하면서 인류의 건강 상태가 크게 호전되었고, 사람들은 예전보다 더 오래 살게 된 거지요. 건강한 아이가 많이 태어나고 평균 수명이 늘어나다 보니 인구는 자연스럽게 폭발적인 증가세를 보일 수밖에 없었어요.

그런데 현재 전 세계 인구 중 약 12퍼센트가 충분한 식량을 공급받지 못하고 있습니다. 최근 들어 둔화되긴 했지만 세계 인구는 계속해서 증가세에 있고요. 그래서 앞으로 더 많은 사람이 기아에 시달리게 될 거라고 예측을 하는 사람들이 있어요. 한정된 식량을 보다 많은 사람이 나누게 되니 누군가는 필연적으로 굶주림에 시달릴 수밖에 없다는 주장이지요.

그렇다면 인구 증가는 어떤 나라에서 더 빠르게 일어나고 있을까요? **개발 도상국**일까요, 아니면 경제적으로 풍요로운 **선진국**일까요? 물론 개발 도상국이겠지요. 개발 도상국인 아프리카의 부르키나파소와 선진국인 영국의 사례를 비교해 보면 쉽게 정답을 알 수 있습니다. 부르키나파소는 전 세계에서 인구 증가 속도가 빠른 국가 중 하나입니다. 1년에 약 3.1퍼센트씩 인구가 불고 있지요. 매년 약 40만 명의 인구가 증가하는 셈입니다. 부르키나파소의 인구는 지난 30년 동안 무려 3배나 증가했어요.

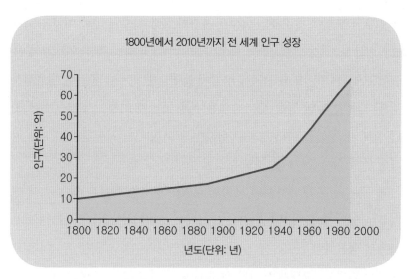

1800년에서 2010년까지 전 세계 인구 성장

년도(단위: 년)

이 그래프는 지난 200년 동안 전 세계의 인구 증가 수치를 보여 준다. 도표를 자세히 살펴 보고 2025년과 2050년에는 그래프가 각각 어떠한 모양이 될지 예측해 보자.

반면 유럽에 있는 영국은 인구 성장률이 느린 국가 중 하나입니다. 1년에 약 0.28퍼센트만 인구가 증가하고 있지요.

인구의 도시 집중

"말은 제주로 사람은 서울로"라는 말이 있지요. 각종 편의 시설과 문화 시설이 잘 갖춰져 있기 때문에 많은 사람이 도시 지역에 거주하기를 선호합니다. 일자리와 학교가 도시에 많다는 사실도 한몫하지요. 지난 2007년의 조사에 따르면 전 세계에서 도시 거주민의 수가 농촌 거주민의 수를 최초로 넘어섰다고 해요. 전문가들은 2030년에는 도시 지역에 거주하는 사람의 수가 50억 명에 달할 거라고 예측하지요.

인구가 도시에 집중하는 현상은 식량과 물의 확보에 어떤 영향을 줄까요? 우선 도시 지역에 사람이 모이면 모일수록 농사를 지을 수 있는 땅은 줄어들게 됩니다. 도시 지역에 사람이 늘어나면 거주할 공간이 필요해지지요. 그렇게 되면 집을 짓고 편의 시설을 만들기 위해 그동안 농사를 짓던 땅에 새 건물을 지어야 하는 상황이 벌어집니다. 사람들이 도시로 떠나 농민의 수가 줄어드는 것도 무시할 수 없는 문제이지요.

한 곳에 인구가 지나치게 모이면 식량이 부족한 상황이 닥쳤을 때 대처하는 일도 훨씬 어려워집니다. 도시에서 소비되는 식량은 대부분 도시 밖에서 생산되어 들여옵니다. 규모가 큰 도시일수록 필요한 식량이 많을 수밖에 없지요. 그래서 도시가 크면 클수록 식량 부족 문제에 더 취약해질 수밖에 없습니다. 정부가 식량을 공급해도, 계속 공급하지 않으면 금

▌전 세계에서 1분에 240명 이상의 아이가 태어난다.

세 식량이 바닥나 버리기 때문이지요. 인구의 도시 집중에 대한 문제는 다음 장에서 자세히 다뤄 볼 거예요.

알아두기

기아는 개발 도상국, 특히 아프리카나 동남아시아에서만 일어난다고 알려져 있다. 하지만 지난 1,000년 동안 기아는 개발 도상국뿐 아니라 이른바 선진국에서도 발생했다.

년도	국가
1005년	영국
1199년	이집트
1231년	일본
1345년	인도
1441년	멕시코
1504년	스페인
1660년	폴란드
1783년	아이슬란드
1845년	아일랜드
1946년	러시아

▌도시 인구가 늘어나면서 도시의 범위가 인근의 시골 지역까지 빠르게 잠식하고 있다.

식량 보장과 세계 인구

냉장고를 열면 먹을거리가 넘쳐날 거예요. 냉장고 안에 음식이 다 떨어졌다고요? 조금만 기다리면 가족 중 누군가가 마트에 가서 먹을 것을 사 올 겁니다. 하지만 언제든 손쉽게 식량을 구입할 수 있다고 해서, **식량 보장**을 확보했다고 생각하면 안 된다는 거예요.

식량 보장이란 인구 증가나 천재지변, 전쟁 등으로 식량이 부족한 상황에 놓였을 때 생존에 필요한 식량을 얻을 수 있는 상태를 말합니다. 지금 당장, 평상시에는 어렵지 않게 식량을 구할 수 있다고 해서 식량 보장을 확보했다고 할 수는 없다는 얘기지요. 추가로 말씀을 드리면, 식량을 조달할 수 없는 최악의 상황이 오더라도 국가는 생존에 필요한 최소한의 식량은 국민에게 공급할 수 있어야 합니다.

국민의 식량 보장을 위해 국가는 대체로 다음과 같은 정책을 시행합니다. 우선은 유사시를 대비해 일정량의 식량을 국내에 비축합니다. 그와 함께 다른 나라에서 들여오는 식량이 부족해지지 않도록 국제 정세를 관찰하고, 외교적 노력을 기울여야 합니다. 식량을 수입해 오는 국가를 여럿으로 늘린다거나, 급격한 수입량 감소를 막기 위해 한 국가와 장기 수입 협정을 맺기도 하지요. 무엇보다 나라 안에서 필요한 식량을 나라 안에서 생산할 수 있도록 식량 자급 체제를 구축하는 데 가장 큰 힘을 쏟아야 합니다. 국가에서 농업에 많은 혜택을 주는 이유도 여기에 있어요. 게다가 대한민국은 다른 나라에 비해 식량의 수입 의존도가 높은 편이기 때문에 식량 보장에 특별히 신경을 기울여야 하는 국가입니다.

2011년 11월 3일 방콕의 슈퍼마켓이 텅 비어 버리는 사태가 일어났다. 홍수를 염려한 사람들이 생필품을 마구 사재기해 집으로 들고 갔기 때문이다.

©1000 Words

그런데 긴급한 위기 상황이 아닌데도 끼니를 걱정하는 사람이 아직 세상에는 너무나 많이 있습니다. 이런 사람들은 평화로운 시기에도 식량 보장을 얻지 못하고 있다고 말할 수 있습니다. 가장 큰 이유는 가난이지요. 가난한 사람들은 슈퍼와 마트에 음식이 넘쳐나도 그것을 충분히 구입할 돈이 없으니까요.

오늘날 식량이 부족해지는 원인은 생산량의 부족보다는 주로 공평하지 않은 분배에서 찾을 수 있습니다. 여러 연구에 의하면 현재 지구에서 생산되는 식량을 한데 모아 공평하게 나누면 일인당 하루에 약 2킬로그램의 식량을 제공할 수 있다고 합니다. 그것도 채소, 과일, 곡류, 육류, 어류가 골고루 들어간 풍성한 식량을요.

아무도 굶지 않을 만큼 넉넉한 식량이 존재하지만 현실은 생각처럼 이상적이지 않아요. 어떤 나라에서는 매일같이 다 먹지 못해 트럭으로 식량을 버리는가 하면, 어떤 나라에서는 한 줌의 식량을 얻기 위해 사람들이 긴 줄을 서고 있으니까요. 심지어 한 국가 안에서도 식량을 많이 확보할 수 있는 사람과 제대로 확보하지 못하는 사람으로 계층이 나뉘어져 있습니다. 심한 경우에는 하루 한 끼도 해결하지 못하는 사람들도 이 세상에는 존재하고 있지요. 세계 각국이 저마다 복지 문제에 관심을 기울이는 이유 역시 여기에 있습니다.

기아를 보는 잘못된 시선

기아는 결코 개인의 탓이 아닙니다. 분배의 불평등이 빚어낸 가난과, 혼자 노력해서는 좀체 가난을 벗어나기 힘든 사회 구조의 문제이지요.

▌물이 부족하면 농사짓기가 어렵다. 열악한 땅에서는 곡식이 거의 자라지 않기 때문이다.

국가 전체가 기아에 시달리는 경우에도 내전이나, 전쟁, 부패한 정치 등 한 개인이 어쩔 수 없는 문제가 원인인 경우가 대부분입니다.

그런데, 기아 문제를 개개인의 특성이나 우열로 돌리는 그릇된 시각이 서구 사회에는 존재하고 있습니다. 이른바 기아에 의한 '자연 선택설'이지요. 이를 주장하는 사람들은 기아의 가장 큰 원인을 '인구 증가'에 두고 자기들의 주장을 펼칩니다. 지구 전체의 자원은 한정되어 있으니 인구가 지금처럼 계속 증가하면 언젠가 인류의 종말이 다가올 수 있다고 얘기하지요. 그러면서 늘어나는 세계 인구를 조절하는 역할을 기아가 맡고 있다고 주장합니다. 기아의 원인을 오직 인구 증가에서만 찾는다면 이렇듯 그릇된 주장에 빠져들 위험이 높아집니다. 늘어난 인구가 기아 문제에 영향을 줄 수는 있습니다. 그러나 기아의 더 근본적인 원인은 식량 자원 분배의 불평등입니다.

기아에 의한 자연 선택설은 생각보다 뿌리가 깊은 편견에 기초하고 있습니다. 현재 국민 전체가 기아에 시달리는 국가는 대체로 아프리카의 국가들입니다. 그런데 아프리카는 예전에 서구 국가들의 식민지였어요. 서구 사람들은 아프리카 사람들을 노예로 잡아다가 노동력을 착취하기도 했지요. 그 과정에서 "아프리카인은 열등하고 미개하다"는 그릇된 인식이 서구 사회에 널리 퍼졌습니다. 그 인식이 오늘날까지 이어져 내려와 기아에 의한 자연 선택설이라는 좋지 못한 주장을 낳게 된 것이지요. 이들의 주장은 한 마디로 "아프리카인은 열등하고 미개하니까 기아가 이들의 인구를 줄이고 있다."는 주장에 다름 아닙니다.

그릇된 편견은 아프리카인에게만 해악을 끼치지 않았어요. 아일랜드 대기근 당시 영국에는 "아일랜드인은 게으르고 열등하다", "가난한 자를 도와주면 가난한 자는 더 가난해진다."는 인식이 널리 퍼져 있었지요. 영국은 대기근에 대한 대처에 소극적이었고, 그 결과 아일랜드 전체 인구의 절반이 감소했습니다. 그러나 "게으르고 열등하다"는 아일랜드는 오늘날 1인당 국민소득이 4만 7천 달러에 육박하는 선진국이지요.

이와 비슷한 편견이 대한민국에서도 종종 벌어지고 있습니다. 주로 가난한 사람에 대한 복지와 관련해서 "가난은 다 게으른 탓이다", "가난한 자를 도와주면 자립심이 없어 놀기만 한다"는 인식을 널리 퍼뜨리는 사람들이 있습니다. 심지어 한 국가 안에서도 가난한 사람에 대한 복지를 "불쌍한 사람에 대한 혜택과 시혜"라는 시선으로 접근하는 경우조차 빈번하게 벌어지고 있으니 세계의 기아 문제는 어떻겠어요? 1976년 유엔 회원국들이 결의했듯이, 굶주리지 않고 남들과 다르지 않은 삶을 영위하는 일은 인간이라면 누구나 누려야 할 권리입니다. 국가는 이를 위해 노력해야 할 의무가 있지요.

다시 한 번 강조하지만, 인구 증가는 기아 문제의 핵심적인 이유는 아닙니다. 인구 조절을 통한 기아 문제 해결도 대안이 될 수 없어요. 우리 인류 전체로 봐서는 이미 우리는 충분한 식량을 확보하고 있으니 말입니다. 오히려 사회적 불평등과 식량 분배 구조의 문제, 빈곤이 기아 문제에서는 더 큰 비중을 차지하고 있다고 봐야 합니다.

간추려 보기

- 급격한 인구 증가는 선진국보다 주로 개발 도상국에서 일어난다.
- 인구의 도시 집중은 농경지의 감소를 동반한다.
- 도시는 면적에 비해 인구가 많아 식량 소모량이 크기 때문에 갑작스러운 식량부족 사태에 대비하기 어렵다.
- 인구 증가보다 더 중요한 문제는 식량 자원의 공정한 분배다.

사라지는 농토

농토 감소는 한 국가의 식량 사정에 큰 영향을 끼칩니다. 농토가 줄어든 만큼 식량 생산이 줄어들고, 그러면 그만큼 해외에서 식량을 들여와야 하기 때문이지요. 식량을 해외에 의존하는 비중이 커지면 커질수록, 한 국가의 식량 보장 사정은 위험해질 수밖에 없습니다.

농작물을 키우려면 땅이 필요합니다. 세계 각국에서는 상당히 넓은 토지를 농업 용도로 사용하고 있지요. 또한 매년 새로운 땅을 농토로 개간하고 있어요. 그런데도 식량을 생산하는 농토는 세계적으로 점점 줄어드는 추세이지요. 농토의 감소는 도시화와 산업화, 사막화가 주요한 원인입니다.

농토 감소는 한 국가의 식량 사정에 큰 영향을 끼칩니다. 농토가 줄어든 만큼 식량 생산이 줄어들고, 그러면 그만큼 해외에서 식량을 들여와야 하기 때문이지요. 식량을 해외에 의존하는 비중이 커지면 커질수록, 한 국가의 식량 보장 사정은 위험해질 수밖에 없습니다.

도시화와 산업화 그리고 환경오염에 따른 사막화는 농사를 지을 수 있는 땅을 매년 줄어들게 하고 있습니다. 자고 일어나면 농지로 이용하던 땅에 주택이나 쇼핑센터, 공장이 들어서거나 아파트와 집이 세워지는 게 현실이지요. 영국에서는 지속적인 도시 개발 때문에 1996년부터 2004년 사이에 약 1만 5천 헥타르의 농지가 사라졌어요.

더욱 큰 문제는 중국, 인도, 브라질처럼 급속도로 성장하는 개발 도상국입니다. 개발 도상국은 도시화와 산업화의 속도가 빠르고, 무분별한

개발로 인해 급속도로 빠르게 농지가 줄어들고 있지요. 사막화에 대해서
는 뒤에서 자세히 얘기할 거예요.

사막화

사막은 건조해서 식물이 자라기 힘듭니다. 지구에서 가장 큰 사막은
아프리카에 있는 사하라 사막이에요. 사하라 사막은 무려 11개 국가에
걸쳐 뻗어 있는 거대한 사막이지요. 1960년대에 과학자들은 사하라 사
막이 계속해서 커지고 있다는 사실을 알아냈습니다.

사막의 모래가 늘어나기 시작하면 농지로 사용할 수 있는 토지가 줄
니다. 안타까운 사실은 이러한 현상이 비단 사하라 사막만의 문제가 아
니라는 점입니다. 현재 세계의 다른 주요 사막들 역시 점점 그 영역을 확
장하고 있습니다. 지역에 따라서는 아예 새로운 사막이 생겨나는 경우도
있어요.

사막화가 진행되는 데는 몇 가지 이유가 있지만 그 중 심각한 것이 **화**

▌아프리카 사하라 사막. 현존하는 사막의 상당수가 점점 그 영역이 확대되고 있다.

석 연료의 사용입니다. 인간이 에너지를 얻기 위해 화석 연료를 태우면 공기 중으로 이산화탄소가 방출됩니다. 이산화탄소는 대기 중으로 올라가 마치 온실의 유리처럼 지구를 뒤덮는 일종의 층을 형성하지요. 이 층은 태양에서 지구에 도달한 열을 일부 가두어 우주 밖으로 빠져나가지 못하게 해요. 이것을 '온실 효과'라고 불러요. 온실 효과로 인해 전 세계의 평균 기온이 올라가는 **지구 온난화** 현상이 발생하지요. 지구 온난화로 기온이 상승하면 바람의 세기나 강우량이 눈에 띄게 급작스럽게 변화하게 됩니다. 그 결과 일부 지역에서는 강우량이 줄어들어 사막화가 진행되지요.

통계에 따르면, 매년 약 600만 헥타르에 이르는 땅이 사막으로 변하고 있다고 합니다. 해매다 지구에 대한민국 영토의 3분의 2 정도 넓이의 사막이 새로 생기는 셈이지요. 전문가들은 가까운 미래에 사막화로 인한 여러 가지 문제가 나타날 거라고 걱정합니다. 그 한 예로 식량과 식수 부족에 시달리는 사람들이 자신의 농장을 버리고 식량을 찾아 이웃 나라로 대규모로 엑스더스하는 국제적 혼란을 야기할 수 있다고 말합니다.

▮ 토지가 심하게 훼손된 지역과 사막으로 변한 지역을 표시한 도표이다.

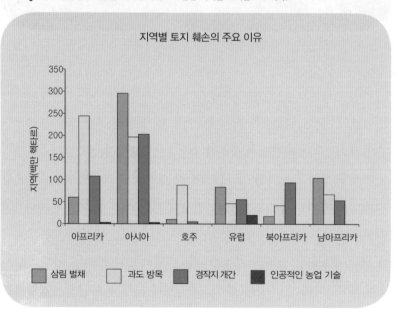

비식용 작물

농가에서는 우리가 먹을 수 있는 작물들만 재배할까요? 그렇지 않습니다. 식용 이외의 목적으로 기르는 작물의 종류는 의외로 많습니다. 농가에서는 가축의 사료로 사용할 농작물을 대량으로 기르기도 합니다. 옷을 만들 수 있는 원료를 얻기 위해 목화 농사를 짓는 농부도 있고, 부들과 같은 **연료 작물**을 기르는 농부도 있지요. 연료 작물은 석유와 천연가스를 대체할 수 있는 식물성 원료예요. 아마씨와 유채씨 같은 농작물은 화학제품의 원료로 사용하기 위해 기르기도 합니다.

비단은 중국의 대표적인 수출품입니다. 비단은 누에고치에서 뽑은 가늘고 고운 실로 짠 천이에요. 누에는 뽕나무 잎을 먹고 자라납니다. 그런데 최근 중국에서 비단의 수요가 늘어나면서 누에의 사료를 얻기 위해 뽕나무를 기르는 농가도 크게 늘어나고 있습니다. 이 때문에 **식용 작물**의 재배는 줄어들고 있지요. 식량을 생산할 농지에서 뽕나무를 기르기 시작했으니까요. 중국은 비단을 수출하여 막대한 돈을 벌어들입니다. 중국과 같은 개발 도상국에서는 이윤을 남기는 일이 한층 더 중요할 수 있어요. 물론 돈이 있으면 필요한 식량을 수입해 올 수도 있지요. 하지만 충분한 식량을 자국 내에서 생산하는 일 또한 중요한 일이지요. 그렇다면 과연 둘 중 어느 것을 더 우선순위에 두어야 할까요?

식량 생산이 가능한 땅에서 식용 불가능한 특수 작물들을 경작하는 일이 점차 늘고 있습니다. 이러한 농작물들은 우리에게 유용한 물질을 제공하지만 그로 인해 우리가 치러야 하는 대가도 만만치 않습니다. 예를 들어 연료 작물이 많이 생산될수록 식용 작물의 가격은 비싸진다고 합니다. 그 이유는 다음과 같아요.

일반적으로 연료 작물은 식용 작물보다 비싼 가격에 판매됩니다. 즉, 연료 작물을 재배하면 더 많은 돈을 벌 수 있다는 뜻이지요. 더 많은 수입을 올리기 위해 연료 작물을 재배하는 사람들이 늘어나면 자연스럽게 식용 작물을 경작하는 사람들은 줄어들게 됩니다. 식량을 원하는 사람 수는 그대로인데 공급량이 줄어들면 시장의 원리에 의해 자연스럽게 식량 가격이 상승하지요. 결국 많이 벌어들인 만큼 식량 구입에도 많은 돈을 써야 합니다. 그 과정에서 돈이 없는 사람들은 더욱 극심한 식량난에 시달리게 되지요. 식량 가격의 상승은 가난한 사람들이 극심한 기아에서 헤어나지 못하게 하는 큰 원인 중 하나입니다. 인류가 다 먹을 수 있는 식량을 생산하는 만큼 식량 가격의 상승을 억제하는 일도 상당히 중요한 일이라고 할 수 있습니다.

세계가 몸살을 앓고 있는 기아 문제를 해결하려면, 식용 작물의 재배 면적을 늘려야 합니다. 식용 작물의 재배 면적을 늘리기 위해서는 소비

▌ 캘리포니아의 목화밭. 목화는 미국에서 생산되는 주요 비식용 작물이다.

자인 우리부터 농토를 소중히 여겨야 하지요. 연료 작물의 대체품을 찾는 것도 농토를 소중하게 사용하는 한 가지 방법이 될 수 있어요. 또한 석탄이나 석유 같은 화석 연료를 아끼면 그만큼 가난한 나라의 농지 면적이 늘어날 수도 있다는 사실도 잊지 마세요.

토지 점유

재산을 많이 축적한 부자들이 다른 나라의 토지 소유권을 사들입니다. 부유한 타국 정부와 기업이 가난한 나라의 토지를 사들이는 경우도 있어요. 예를 들어 석유로 부자가 된 중동 국가의 투자자들은 수단, 우크라이나, 파키스탄, 태국 등지에서 땅을 매입하지요.

전문가들은 이러한 토지 점유가 한 국가의 식량 안보에 큰 위협이 된

▌ 중국사람들은 고비 사막이 점점 확대되는 일을 막기 위해 수천 개의 묘목을 심었다.

다고 주장합니다. 토지 소유권이 해외 기업이나 정부로 넘어갈 경우, 해당 국가의 농부들은 자신이 경작한 농작물에 대한 권리를 잃게 됩니다. 농부들은 애써 거둔 수확물을 자신이 먹을 수도, 마음대로 팔 수도 없어요. 토지 소유주가 자국으로 수확물을 모두 가져가기 때문이지요. 그 결과 식량 주권을 잃어버릴 수 있습니다. 즉, 농부들이 기아에 시달리는 자국 국민이 아니라 부유한 국가의 국민을 위해, 기업의 이윤을 위해 식량을 생산하는 꼴입니다.

농토 면적 감소에 대한 해결책

어떻게 하면 농지가 사라져 가는 현상을 막을 수 있을까요? 농지가 사라지는 원인에 따라 하나씩 살펴봅시다.

▍ 마다가스카르에 위치한 계단식 논은 지역 주민에게 식량을 공급하는 주요한 토지다.

- 도시 증가: 도시 개발을 엄격한 법률로 통제하면 됩니다. 이를테면 새 건물을 그린 필드(아직 개발되지 않은 토지)보다는 브라운 필드(이미 다른 용도로 사용된 토지)에 짓도록 유도하는 거예요.

- 지구 온난화: 지구 온난화의 주요 원인은 석탄이나 석유 같은 화석 연료를 태울 때 발생하는 이산화탄소입니다. 태양열, 풍력, 수력 같은 대체 에너지를 개발해 사용하면 이산화탄소 발생량을 줄일 수 있지요.

- 사막화: 가축을 과도하게 방목해서 키우는 행위를 막으면 사막화를 줄이는 데 도움이 되지요. 또한 사막화될 위험이 있는 지역에 다량의 식물을 심으면 토양 내 수분을 유지할 수 있어 사막화를 막을 수 있어요. 식물을 심으면 토양이 먼지가 되어 흩날리는 현상도

막을 수 있어 일석이조이지요.

- 비식용 작물: 면이나 비단 같은 자연 섬유는 인간의 생활에 유용하게 사용됩니다. 그런데 연료 작물은 어떨까요? 연료로 쓰일 작물을 기르는 일이 정말로 필요할까요? 최근 과학자들 사이에서 연료 작물을 대체할 새로운 대안이 떠오르고 있습니다. 바로 해조류를 재배해 토지 없이도 자연적인 연료를 생산할 수 있게 하는 거예요.

- 해외 투자자: 부유한 국가의 투자는 가난한 나라의 국민에게 식량을 공급하는 데 일조할 수 있습니다. 하지만 힘을 가진 선진국이 공정하지 못한 거래를 요구할 수 있기 때문에 주의를 기울여야 하지요. 그래서 정부 관계자들은 공평한 무역 거래가 이루어질 수 있도록 주의를 기울여야 합니다. 만약 만약 정부가 제대로 일을 하지 못하면 국민이 정부에 압력을 넣을 수도 있습니다.

간추려 보기

- 전 세계적으로 경작지가 점점 줄어드는 추세다.
- 경작지 감소의 원인에는 산업화, 사막화, 비식용 작물의 경작지 증가, 외지 자본의 농지 매입 등이 있다.

CHAPTER 4

물 부족 위기와
기아

무언가를 기르고 경작하고 가공하는 일에는 놀라울 정도로 많은 물이 필요합니다. 커피 한 잔을 만들기 위해서는 커피콩의 경작부터 가공에 이르기까지 약 140리터의 물이 필요하지요. 햄버거 하나를 만드는 데 재료를 얻기까지는 자그마치 약 2,400리터의 물이 필요하답니다.

사람이 생존하는 데에는 물이 꼭 필요합니다. 생존이라는 측면에서 보면 물은 식량보다도 더 중요하지요. 식량 없이는 두 달을 살 수 있지만 물이 없으면 고작 일주일밖에 생존하지 못하니까요. 체내 수분의 1~2퍼센트만 잃어도 사람은 신체적으로 큰 괴로움을 겪게 되지요.

기아의 사전적 의미는 "물을 포함해 생체에 필요한 영양소가 결핍된 상태"입니다. 게다가 전 세계에서 기아에 시달리는 나라는 대부분 물 부족 현상도 함께 겪고 있는 경우가 많습니다. 비교적 부유한 나라 안에서도 기아에 시달리는 빈곤층은 충분한 식수와 생활용수를 얻고 있지 못한 경우가 대부분이지요. 그래서 기아 문제를 고민할 때에는 물 부족 문제도 늘 함께 엮어 생각합니다.

지구본이나 세계지도를 본 적이 있나요? 지구 전체에서 절반이 넘는 부분이 파랗게 되어 있지요. 가끔 사람들이 '푸른 행성 지구'라는 식으로 말하는 걸 들어 본 적이 있을 거예요. 표면이 대부분 물로 덮여 있다는 것이 우리가 사는 지구의 특징 중 하나이지요. 이렇게 보면 지구에는 전 세계 사람들이 사용하고도 남을 만큼 충분한 물이 있는 것처럼 보입

이집트에서는 부족한 전력과 물을 충당하기 위해 아스완 댐을 건설했다. 댐 건설 때문에 이집트는 중요 문화 유산을 물속에 잠기도록 해야 했고, 9만 명의 주민을 이주시켜야 했다. 홍수로 인해 매년 윤택하던 토양도 댐이 물길을 막으면서 점차 황폐해지고 있다.

니다. 그런데도 물이 부족하다고 말하는 이유는 무엇일까요?

지구에 있는 물은 대부분 바닷물입니다. 바닷물은 소금물이라 식수로 이용하거나 농사에 사용할 수 없거든요. 사람은 소금물이 아닌 민물에 의존해 살아가요. 그런데 우리가 취할 수 있는 민물의 양은 지극히 적습니다. 민물은 호수나 강, 빗물, 우물을 통해서만 얻을 수 있지요. 게다가 물은 보존하거나 운송하기에는 지나치게 부피가 큰 물질입니다. 그래서 어느 지역에서는 물이 남아돌아도 다른 지역에서는 물 부족에 시달릴 수밖에 없는 게 현실이지요. 같은 지역이라도 어느 계절에는 물이 풍부하지만 다른 계절에는 물이 귀해지는 경우도 있어요.

전 세계적으로 인구가 증가하고 있기 때문에, 그만큼 필요로 하는 식수의 양도 늘어나고 있습니다. 물은 식수 말고도 이용되는 곳이 많습니다. 농부들은 관개 사업에 엄청난 양의 물을 사용하지요. 실제로 매년 전 세계에서 사용하는 민물 중 69퍼센트는 농업 용수로 이용되고 있답니다.

각국 정부와 자선 단체들은 가난한 사람들에게 충분한 물을 공급하기 위해 노력을 아끼지 않고 있습니다. 1990년 이후 약 16억 명 이상의 사람들이 깨끗한 물에 접근할 기회를 새롭게 얻었습니다. 그러나 여전히 많은 사람이 갈증으로 고통 받거나 마땅한 정수 시설을 이용하지 못해 질병에 걸릴 위험에 노출되고 있습니다.

알아두기

· 세계 인구의 여섯 명 중 한 명(약 11억 명)만이 깨끗한 물을 마시고 있다.
· 세계 인구의 세 명 중 한 명(약 26억 명)은 생활에 필요한 물을 충분히 제공받지 못하고 있다.
· 매일 약 3,900명의 아이가 오염된 물로 생긴 질병 때문에 죽고 있다.

물 부족의 두 가지 원인

심각한 가뭄이 닥치면 인간은 큰 곤란을 겪게 됩니다. 제일 먼저 물 부족으로 인해 기르던 농작물이 다 말라죽게 되지요. 우리가 먹을 수 있는 식량은 물론이고, 가축을 먹일 수 있는 사료 역시 사라지는 셈입니다. 신선한 채소나 곡물뿐 아니라 고기와 알과 같은 다른 식품들도 구하기 어려워집니다. 또한, 가뭄이 닥치면 식수가 고갈되기 시작합니다. 깨끗한 물은 모든 생명체에게 필요합니다. 깨끗한 식수를 확보하지 못하면 동물도 식물도 죽고 말지요.

그렇다면 인류의 생존에 치명적인 영향을 끼치는 물 부족의 원인은 무엇일까요? 물 부족의 원인은 크게 자연적인 원인과 인공적인 원인의 두 가지로 분류할 수 있습니다.

물 부족을 일으키는 자연적인 원인 중 가장 흔한 것은 바로 강우량의 감소입니다. 비가 내리지 않으면 강과 호수가 말라 버리고 지하수의 수위도 낮아지지요.

물 부족의 주요 원인에는 인공적인 원인도 있습니다. 인간이 지나치

┃ 케냐의 빈민가에서 한 소년이 식수를 운반하고 있다.

© Vlad Karavaev

게 많은 양의 물을 사용할 경우 땅이 말라붙게 되지요. 삼림을 파괴할 경우에도 마찬가지 결과가 나타납니다. 나무가 풍성하게 자라는 숲에서는 수분이 풍부한 **표층토**가 항상 일정량 유지되지요. 그러나 삼림 파괴가 일어나면 비가 내릴 때 수분을 머금은 흙이 쉽게 씻겨 내려갑니다. 그렇게 되면 땅이 말라붙어 식물이 잘 자랄 수 없게 되지요.

물 낭비

문명화된 사회를 살아가는 현대인은 엄청난 양의 물을 낭비하며 살아갑니다. 물 낭비는 멀리서 일어나는 일이 아닙니다. 우리 주변에서 흔히 일어나고 있지요. 양치질을 하는 동안 수도꼭지를 틀어놓는 일이 가장 흔한 물 낭비의 예입니다. 사람들이 많이 모이는 곳일수록 훨씬 더 많은 양의 물이 낭비됩니다. 도심이나 레저 시설에서는 어마어마한 양의 물을 배출하고 있지요. 또한 자동차 세차장, 골프장 같은 곳에서도 많은 양의 물이 식량 재배와 무관하게 사용되고 있습니다.

현대인은 손쉽게 물을 얻을 수 있는 환경에서 삽니다. 수도꼭지만 돌리면 원하는 양의 물을 사용할 수 있지요. 이 과정에서 우리도 모르는 새에 낭비되는 물은 생각보다 꽤 많습니다.

물을 아끼면 불필요한 세금 낭비를 막을 수 있습니다. 또한 강과 호수로 흘러가는 물의 양을 증가시켜 야생 동물에게도 도움이 되지요.

농업이나 제조업 같은 산업 또한 물을 낭비하는 원인 중 하나입니다. 물론 농업과 제조업과 같은 산업은 생활에 필수적인 식량 혹은 제품을 제공합니다. 하지만 무언가를 기르고 경작하고 가공하는 일에는 놀라

사례탐구 케냐의 가뭄

"제발 비가 왔으면 좋겠어요." 케냐의 농부 존 물리는 밭에 뿌린 씨앗이 햇볕에 타들어 가는 것을 보며 이렇게 말한다. 존은 케냐 남동부 마쿠에니 지역에 있는 카테카니 마을에 사는 평범한 농부다. 카테카니 마을은 극심한 가뭄에 시달리고 있었다. 마을 주변에는 검붉은 먼지가 사방에 날렸다. 오랜 가뭄 탓에 진흙이 말라붙어 생긴 먼지였다. 신발에도, 바위나 자동차 바퀴에도 검붉은 먼지가 소복이 쌓였다. 아이들의 학비와 식량을 마련하기 위해 길러 온 옥수수와 콩은 이미 말라비틀어진 지 오래였다. "비가 내리지 않으면 얼마 안 가서 사람도 말라 죽고 말 거예요."라고 존은 울먹이며 호소했다.

2009년 12월 3일, 〈텔레그래프(Telegraph)〉 지에 존의 사연이 발표되었다. 당시 아프리카 케냐를 강타한 극심한 가뭄과 그로 인한 피해 상황이 서방에 생생하게 전달되었다. 케냐의 가뭄으로 인한 피해는 엄청나게 컸다. 수많은 가축과 농작물 그리고 사람들이 희생당했다. 특히 상대적으로 체력이 약한 아이들이 어른보다 훨씬 더 많이 죽었다. 과연 이러한 참사는 막을 수 없는 것일까?

울 정도로 많은 양의 물이 필요합니다. 커피 한 잔을 만들기 위해서는 커피콩의 경작부터 가공에 이르기까지 약 140리터의 물이 필요하지요. 햄버거 하나를 만드는 데 재료를 얻기까지는 자그마치 약 2,400리터의 물이 필요하답니다.

▌ 집에 수도 계량기가 있다면 각자 물 사용량을 살펴보고 기록해 보자.

물 부족 해결책

전 세계 모든 사람이 깨끗한 물을 사용하려면 어떻게 해야 할까요? 우선 불필요한 오염 물질 배출을 줄여야 합니다. 오염된 물을 원래 상태로 되돌리는 데에는 막대한 비용이 필요합니다. 정수 시설을 건설하고 유지하는 비용도 만만치 않고요. 강우량이 적은 지역에서는 정수 시설의 건설과 유지에 추가 부담금이 늘어나게 되지요. 환경 보호나 정수 시설 건립 외에도 물 부족 문제를 해결할 수 있는 다양한 방법이 존재합니다.

• 담수화: 바닷물에서 소금기를 제거하는 일입니다. 담수화에는 많은 비용이 들어갑니다. 또한 담수화 과정에는 많은 에너지가 필요

▋ 우리는 과일과 채소를 구석구석 깨끗이 씻는다. 이 과정에서 많은 양의 물이 낭비되고 있다.

하지요.

- 빗물 저장: 빗물은 땅으로 흘러들어 가거나 공기 중으로 증발합니다. 빗물을 사용하려면 물탱크에 저장해 두어야 하지요.
- 가정용 수도 계량기: 수도 계량기가 있으면 물을 훨씬 더 적게 사용하는 경향이 있습니다. 생활비를 절약하려고 수시로 수도 계량기를 체크하고 물을 적게 사용하기 때문이지요.
- 폐수 재사용: 부엌이나 욕실 등에서 사용한 **생활용수**를 공장이나 발전소에서 재사용할 수 있습니다.

사례탐구 캘리포니아 주의 물 부족

물 부족은 개발 도상국에서만 겪는 문제가 아니다. 미국 캘리포니아 주에서는 2007년에 발생한 극심한 가뭄으로 인해 주민들이 큰 고통을 받았다.

2009년, 캘리포니아 주의 주지사 아놀드 슈왈제네거가 비상사태를 선언했다. 캘리포니아 주는 가뭄이 시작된 2007년 이후 3년 동안 연이은 비상사태를 선언하게 된 셈이었다. 슈왈제네거는 정부의 모든 기관에 비상사태를 돌파하기 위한 물 절약 계획에 적극 동참하도록 지시하며 가뭄의 위험을 경고했다. "가뭄은 캘리포니아 주민, 지역 사회, 경제, 환경에 심각한 영향을 미치고 있습니다. 우리는 이 같은 비상 상황에 걸맞은 조치를 반드시 취해야만 합니다. 가뭄은 지진이나 산불만큼 심각한 문제입니다."

자신이 살고 있는 지역에 3년 동안 비가 충분히 오지 않았다고 가정해 보자. 이런 상황일 때 정부가 시행하는 물 배급 제도가 도움이 될까? 물 배급 제도란 사람들이 하루에 사용할 수 있는 물의 양을 제한하는 제도다. 물 배급 제도가 제조업과 농업의 생산에 타격을 줄 가능성은 없을까? 폐수를 재활용하는 것은 어떨까? 상대적으로 물이 풍부한 지역에서 사용한 물을 가져와 재사용하는 것은 어떨까? 물 부족 문제는 선진국이라고 해서 예외가 될 수 없다.

바닷물을 담수로 만드는 데에는 많은 비용과 거대한 설비가 필요하다.

간추려 보기

- 물은 기아와 밀접한 관련이 있다.
- 가뭄이나 지나친 물 낭비, 과도한 산림 벌채 등이 물 부족의 원인이다.

식량 자원의 분배 문제

가난은 식량 분배 문제에 가장 큰 걸림돌입니다. 더욱이 가난한 사람들은 잘 먹지 못해서 몸이 약해집니다. 빈곤이 심화될수록 식량을 공급받을 기회가 줄어들게 되고, 가난한 사람일수록 점점 더 굶주리게 되는 결과가 생기게 되는 셈이지요.

전 세계에서 기아로 고통 받는 사람이 사라지려면 두 가지 조건이 만족되어야 합니다. 첫째로 인류 전체가 공평히 먹을 수 있을 만큼 충분한 양의 식량을 '생산'할 수 있어야 하지요. 그런데 전 세계 인구는 꾸준히 증가하고 있습니다. 과연 끝없이 늘어나는 인구를 전부 먹여 살릴 수 있을 만큼 미래에도 농업 기술의 지속적인 발달이 가능할까요? 다행히 현재의 농업 기술은 현재의 모든 사람을 먹여 살릴 만큼 식량을 넉넉히 생산할 수 있답니다.

두 번째 조건은 가난한 지역에 사는 사람들에게 충분한 식량을 '분배'할 방법을 마련하는 일입니다. 하지만 이것은 생각보다 쉬운 문제가 아니랍니다. 식량을 운송해야 하는 문제도 있지만, 무엇보다 오늘날 식량은 돈으로 구해야 하는 차원이니까요.

집에 먹을 것이 떨어지면 보통 어떻게 하나요? 아마 가족 중 누군가가 식재료를 사기 위해 슈퍼마켓이나 마트에 가겠지요. 사람들은 돈을 벌어 원하는 물건이나 식품을 삽니다. 그런데 만약 우리가 사는 나라에 돈이 존재하지 않거나, 있다 해도 아주 부족하다면 어떤 일이 벌어질까요? 우리는 생활에 필요한 어떤 것도 구입할 수 없을 겁니다. 어쩌면 먹을 것을 살 수 있는 슈퍼마켓조차 존재하지 않을 수도 있겠지요. 거짓말 같은 이 야기지만 여전히 많은 나라가 이러한 극도의 빈곤에 처해 있는 게 현실 입니다.

가난은 식량 분배 문제에 가장 큰 걸림돌입니다. 사람들에게 돈이 없 으면 음식을 사고파는 사람도 결국 사라지고 말지요. 더욱이 가난한 사 람들은 잘 먹지 못해서 몸이 약해집니다. 몸이 약해서 질병에 노출되기 쉽고, 일하는 것조차 여의치 않아집니다. 그래서 가난한 사람 중에는 식량을 스스로 생산할 수 없는 사람이 많습니다. 그러다 보니 빈곤이 심 화될수록 식량을 공급받을 기회가 점차 줄어들게 되고, 그와 함께 빈곤 을 탈출할 여력도 점점 줄어들 수밖에 없습니다. 가난한 사람일수록 점 점 더 굶주리게 되는 악순환에 빠지는 셈이지요.

슈퍼마켓이나 마트, 시장이나 가게에서 우리는 식료품을 어렵지 않게 찾아볼 수 있다. 하지만 세상에는 그렇지 않은 나라도 많다.

식량 분배와 정치

세계 여러 지역에서 먹을 것과 마실 것이 제대로 공급되지 않는 이유는 크게 두 가지로 나뉩니다. 그중 첫 번째는 바로 정치입니다. 개발 도상에 있는 몇몇 국가의 경우 정부가 식량 분배를 담당하지요. 그런데 때로는 부패한 지도층이 배고픈 국민에게 식량을 나눠 주지 않고 자신들의 안락한 생활을 위해 식량을 빼돌려 개인의 치부를 위해 오용합니다. 이러한 국가에서 일반 국민에게 식량이 골고루 돌아가기란 거의 불가능하지요.

대표적인 예로 북한을 들 수 있습니다. 1990년대 중반 북한은 심각한 식량난을 겪었습니다. 이른바 '**고난의 행군**'이라고 하는 대기근 사태였습니다. 이 사태로 인해 무려 40만 명 이상의 사람들이 사망했지요. 고난의 행군은 북한 사회를 완전히 붕괴시켜 놓았습니다. 기나긴 굶주림 탓에 일터에 나가지 못하게 된 사람들이 속출했고, 북한을 탈출하는 사람들도 늘어났지요.

그런데 북한의 정치 지도자들은 식량을 공급하기 위해 적극적인 노력을 하지 않았어요. 북한의 농산물 수확량은 이미 1980년대 후반부터 감소하고 있었지요. 하지만 대대적인 농업 개혁을 시도하는 사람은 아무도 없었어요. 김일성 주석이 개발한 주체 농법을 감히 틀렸다고 말할 수 있는 사회 분위기가 아니었기 때문이지요. 북한의 정치 지도자들은 40만 이상의 국민들이 굶어서 사망하는 동안 호의호식하면서 자기들의 안위만 챙기기에 바빴지요.

이처럼 정치 지도자들이 부패하거나 정부가 제 역할을 다하지 못할 경우 기아로 인한 비극은 극대화됩니다. 북한에 원조되는 구호 식품 상당량을 북한 군부와 지도층이 가로채고 있다는 사실은 공공연한 비밀로 알려졌어요.

식량 분배와 전쟁

두 번째 이유는 전쟁입니다. 내전이나 이웃 국가와의 무력 충돌은 국민들에게는 필연적으로 유혈 사태와 빈곤을 불러옵니다. 또한 경작 시설과 시장이 파괴되어 식량 수급에 어려움을 겪게 되지요. 수천 명이 자국을 떠나 피란길에 오르기도 합니다. 자국을 떠난 피란민이 제때 식량을 공급받기란 무척 어려운 일이지요.

전쟁은 복잡한 이유에 의해 발생합니다. 천연 자원을 둘러싼 갈등이나 인종과 종교적 차별에 의한 갈등, 혹은 다국적 기업과 같은 외부 세력의 개입 등에 의해 전쟁이 일어나지요. 실제로 아프리카의 많은 나라들이 다양한 이유로 전쟁의 비극을 겪고 있습니다. 전 세계적으로 전쟁으로 인한 피란민의 수는 3천만 명에 이르는데, 이중 절반이 아프리카 지역을 떠돌고 있지요. 전쟁은 아프리카의 기아 상황을 더욱 위중하게 만들고 있어요.

서아프리카에 있는 시에라리온은 전쟁으로 인해 심각한 기아를 겪게 된 대표적인 국가입니다. 1997년 시에라리온의 수도 프리타운에서 군사 쿠데타가 일어났습니다. 쿠데타를 이끈 사람은 포데이 산코라는 폭력적인 인물이었어요. 산코는 민주적으로 선출된 시에라리온의 대통령을 몰아내려고 갖은 시도를 다했지만 결국 실패로 돌아갔지요. 그러나 아프리카 소말리아에는 무려 20년 동안이나 국민을 대변할 강력한 정부가 없었다. 그 때문에 정치적 경쟁 관계에 있던 군 지도자들이 서로 주도권을 잡기 위해 오랜 기간 대립했다. 그러던 어느 날 군 지도자들의 대립이 급기야 내전으로 이어졌다. 이 내전으로 말미암아 소말리아의 농업 시설과 산업 시설은 막대한 피해를 입었다.

엎친 데 덮친 격으로 오랜 기간 기근이 이어졌다. 1990년대 초반의 한 통계에 따르면 30만 명 이상의 소말리아인이 굶주림으로 인해 사망했다고 한다. 비극은 거기서 끝나지 않았다. 2009년 소말리아에 다시 한 번 가뭄이 찾아왔고, 약 200만 명이 굶주림으로 큰 고통을 받아야 했다.

산코는 포기하지 않았습니다. 민주 정부와 전쟁을 벌이며 농민들을 학살했어요. 죄 없는 농부들의 손목을 자르는 악행을 일삼기도 했지요.

손목이 잘린 농부들은 얼마 못 가 거의 굶어 죽고 말았습니다. 잘린 손목으로는 농사를 지을 수가 없었으니까요. 그 결과 식량 생산이 줄어들고 식량을 공급받을 길도 사라져 시에라리온의 기아 상황은 극도로 심각해졌습니다.

식품 교역과 환금 작물

농부들이 작물을 길러 활용하는 방식에는 여러 가지가 있습니다. 우선 농작물을 길러 자신을 비롯한 이웃 사람들의 식량으로 이용할 수 있

■ 소말리아에서 피란민 캠프의 사람들이 물을 얻기 위해 줄을 서 있다.

지요. 이 방법은 큰 돈벌이는 되지 않지만 적어도 굶주릴 염려는 낮아집니다. 반면 농작물을 길러 시장에 내다 팔거나 해외에 수출하는 방법도 있습니다. 이 방법을 통해 농부들은 비교적 많은 돈을 벌 수 있습니다. 하지만 자신이 먹을 식량은 다른 농부들이나 시장으로부터 사들여야 하지요.

환금 작물이란 시장에 내다 팔기 위한 목적으로 기르는 작물을 말합니다. 선진국에서는 매년 개발 도상국으로부터 엄청난 양의 환금 작물을 수입합니다. 이를테면 영국인들은 과테말라에서 커피를 사고, 인도에서 차를 들여 오고, 서인도에서 바나나를 수입하지요.

대형 식품 기업은 가난한 농부들에게서 환금 작물을 구매해 제3의

나라에 수출하지요. 이들은 농부들에게 환금 작물을 재배해 큰 이익을 남길 수 있다고 선전합니다. 실제로 환금 작물을 팔고 나서 얻은 이익은 농장 시설과 농민의 생활 수준을 개선하는 데 도움이 되기도 합니다.

대형 식품 기업들은 오랜 기간 보존이 가능하고 장거리 운송이 가능한 작물을 선호합니다. 먼 나라까지 운반하는 동안 변질되지 않고 신선도를 유지할 수 있는 작물이 수출하기에 편리하기 때문이지요.

그런데 농부들이 환금 작물만 생산하게 될 경우 문제가 생길 수 있습니다. 생산하는 식량의 대부분을 수출해 버리면 정작 그 지역에 사는 사람들은 먹을 식량이 부족해지지요. 그렇게 되면 자연스럽게 그 지역의 식량 가격이 크게 뜁니다. 환금 작물로 돈을 벌어도, 그 수입의 대부분은 대형 식품 기업이 가져가고 작은 돈만 받게 되어 충분한 식량을 확보

▌오늘날 농업은 대형 식품 기업이 참여하는 세계적인 산업이다.

생각해 보기

우리가 먹는 음식은 얼마나 멀리서 수입되어 왔을까? 집 근처 슈퍼마켓에 가서 직접 조사를 해보자. 우선 다양한 종류의 식품 목록을 작성한다. 그런 뒤 상점에서 그 식품들을 찾아 생산지가 어디인지 살펴보고 기록해둔다. 기록한 사항을 아래 표에 적고, 지도나 인터넷을 이용해 각 음식이 얼마나 멀리서 수입되어 왔는지 살펴볼 수 있다.

음식종류	원산지	이동거리(킬로미터)
원두커피	코스타리카	
아스파라거스	페루	
차	인도	
참치 통조림	태국	
돼지고기	칠레	
마늘	중국	

하기 힘들어지는 상황이 될 수가 있는 것이지요.

또한 식량을 수출하려면 수천 킬로미터 이상 떨어진 곳으로 식품을 운송해야 합니다. 그 결과 선박이나 트럭, 비행기로 식량을 운송하는 과정에서 엄청난 양의 에너지가 소비되고 있어요. 지구 환경에도 불필요한 악영향을 끼치는 셈이지요.

▌전 세계에서 판매되는 차는 대부분 인도를 비롯한 아시아 국가에서 재배된다.

식량 자급을 위한 노력

굶주림에서 벗어나는 가장 바람직한 방법은 스스로 식량을 기르는 것입니다. 하지만 가난한 사람들이 스스로 식량을 재배하려면 많은 조언과 도움이 필요하지요.

아프리카에 위치한 남수단은 내전을 겪었습니다. 전쟁으로 인해 땅도, 사람도 엉망이 되었지만, 남수단 사람들은 버려진 땅을 일궈서 스스로 식량을 생산하기 위해 안간힘을 쓰고 있습니다.

처음엔 쉽지 않은 일이었지요. 가축도, 농기구도, 농사 기술도 없어 식량 원조에 의존하며 살아가야 했으니까요. 그래도 그들에게는 농사를 지을 땅이 있었습니다. 남수단 사람들은 작은 규모로 농작물을 기르기 시

사례탐구 아프리카 1,000개 텃밭 프로젝트

2010년에 시작해 2년 뒤 성공적으로 완료된 아프리카 1,000개 텃밭 프로젝트는 슬로푸드 생물종다양성 재단의 핵심 프로젝트 중 하나로, 아프리카 25개 나라에 1,000개의 텃밭을 조성하는 것을 목표로 했다.

그동안 아프리카에는 공적 원조를 통해 많은 자금과 식량이 제공되었다. 그럼에도 경제 사정이 호전되기는커녕 빈곤과 굶주림이 확산되었다. 이러한 현실에서 텃밭 프로젝트는 주민들 특히 자라나는 학생들에게 스스로 먹을거리를 키울 수 있는 능력을 심어 줌으로써 빈곤에서 벗어나게 하고, 아프리카의 다양한 상황에 맞는 지속 가능한 농업 모델을 확산시키는 데 기여했다.

텃밭은 신선하고 건강한 음식을 지역 사회에 매일 공급할 수 있으며, 가계와 지역 사회에 추가 수입을 보장한다. 텃밭은 좋고, 깨끗하고, 공정한 농작물 재배를 기치로 삼으며, 농업 생태학의 원칙에 따라 경작하고 있다. 좋은 텃밭(good garden)은 신선한 지역 농산물의 생산을 보장하고, 전통 조리법의 보전에 기여한다. 깨끗한 텃밭(clean garden)은 환경을 존중하고, 토양과 물을 지속가능한 방식으로 이용하며, 생물종 다양성을 보호한다. 공정한 텃밭(fair garden)은 서로 다른 세대와 집단들이 함께하는 체험 공동체이며, 농민들의 지식과 숙련을 향상시켜 자율성과 자긍심을 높이고, 식량 주권을 고양한다.

대한민국에서도 아프리카 텃밭 프로젝트에 힘을 보탰다. 2010년 9월 남양주에서 개최된 〈2010 슬로푸드 대회〉에 참석한 카를로 페트리니 회장의 제창이 계기가 되어 한살림생협, 궁중음식연구원, 남양주시, (사)슬로푸드문화원 등 여러 곳에서 텃밭 프로젝트에 기부금을 냈다. 지원한 분들의 이름이 붙은 텃밭은 케냐와 에티오피아에 만들어져 지금도 농작물을 재배하고 있다(www.slowfoodfoundation.com).

▌ 수단 주민들이 새로 만든 우물에서 물을 퍼 올리고 있다.

작했지요. 더디지만 조금씩 변화가 찾아왔습니다. 그러던 어느 해 농사를 지어 식량을 자급할 수 있게 되었지요.

그때부터 남수단에는 소규모 농업을 통한 원조 프로그램들이 생겨나기 시작했습니다. FARM(남수단 생계 지원 및 개발 프로젝트)은 원조 프로그램 중 하나입니다. FARM은 더 실질적이고 효과적인 방법으로 남수단의 농부들을 돕고 있지요.

FARM은 가난하고 배고픈 사람들에게 식량을 지원하는 데서 그치는 것이 아니라 스스로 농사를 지을 수 있도록 도와줍니다. 이 프로그램의 목표는 다음과 같습니다.

- 깨끗하고 안전한 물을 얻을 수 있는 새 우물 파는 법을 알려 준다.
- 남수단에서 재배하기에 가장 적합한 농작물을 찾을 수 있게 돕는다.
- 농기구, 씨앗, 가축 등을 제공한다.
- 건강한 가축을 기를 수 있게 수의사를 교육해 배출해 낸다.

간추려 보기

- 농업이 산업화되면서 식량 생산은 오히려 위협받고 있다. 식량이 아닌 돈이 되는 환금 작물을 우선해서 기르기 때문이다.
- 생산한 식량을 적절하게 분배하는 일 역시 중요하다.
- 비도덕적인 정치, 전쟁이나 내전은 식량의 분배를 악화시킨다.

6

CHAPTER

새로운
식량 생산 방식

새로운 농사 기술이 모든 것을 해결해 주지는 못했습니다. 과학자들은 더 나은 미래를 위해, 이른바 '지속가능한 농사법'으로 불리는 새로운 농사법을 개발하려고 끊임없이 노력하고 있습니다.

농업은 인류 역사상 가장 오래된 산업입니다. 전 세계에서 규모가 손꼽히는 산업이기도 하지요. 지금도

지구 전체 면적의 3분의 1 이상의 토지에서 수많은 종류의 농작물이 재배되고 있습니다. 농업은 인류의 생존에 꼭 필요한 활동입니다. 농가에서 길러 내는 식량들이 없었다면 인류는 모두 굶어 죽었을 거예요.

지난 100년 동안, 충분한 양의 식량을 확보하는 일은 나날이 어려워지고 있습니다. 앞서 살펴본 것처럼 급속도로 증가한 인구 수가 가장 큰 원인이지요. 인류는 100년 전보다 훨씬 더 많은 식량을 필요로 하게 되었습니다. 같은 농지에서 과거보다 식량을 많이 생산해야 하는 상황을 맞게 된 것입니다. 그 때문에 인류는 새로운 농업 기술의 개발을 통해 끊임없이 식량의 생산량을 늘려왔습니다. 과학적 농업 기술은 식량 수급에 아주 큰 영향을 주었지요. 그 결과 현재 전 세계 식량 생산량은 수치만으로는 인류 전체에게 충분한 식량을 제공할 수 있을 정도로 늘어났지요. 지난 50년 동안 세계 농작물 생산량은 전 세계 인구수보다 더 가파른 비율로 증가했기 때문이지요.

전 세계 식량 생산량 증가표

음식	1961년 생산량(백만 톤)	2008년 생산량(백만 톤)
쌀	215.6	685.0
밀	222.3	689.9
옥수수	205.1	822.7
보리	72.4	157.6
고기	71.3	279.9

❚ 위 도표는 지난 50년 동안 주요 식량 생산량이 얼마나 증가했는지를 보여 준다.

전문가 의견

우리는 이미 모든 사람에게 생활 필수품을 제공할 수 있는 자원과 과학 기술을 갖췄다. 그런데 왜 어떤 사람은 굶주려야만 한단 말인가?

— 마틴 루터 킹 주니어 시민 운동가

녹색 혁명

녹색 혁명이란 제2차 세계 대전이 끝난 뒤 농작물 생산량이 급증한 현상을 가리키는 말입니다. 녹색 혁명은 1940년대에 쌀과 밀 같은 곡물의 새로운 품종이 개발되면서 시작되었어요. 오랜 연구 끝에 개발된 새로운 품종의 곡물들은 기존의 품종보다 성장 속도도 빨랐고 수확량도 훨씬 많았지요. 1960~1970년대에 들어 녹색 혁명은 개발 도상국 사이에서 놀라운 성과를 거두었습니다.

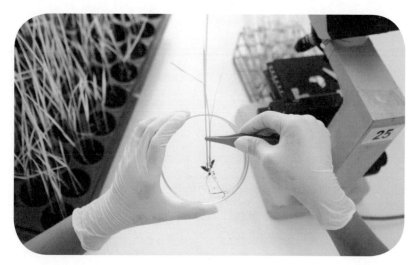
❚ 과학자들이 새로운 벼 품종을 개발하고 있다.

인도나 중국 같은 개발 도상국의 농부들은 새로운 품종의 곡물을 재
배하기 시작했습니다. 급격한 인구 증가에 대응하기 위한 어쩔 수 없는
선택이었지요. 또한 농작물이 더 빨리 자랄 수 있도록 화학 비료도 사용
했지요. 살충제나 제초제 같은 독한 화학 제품을 사용해 해충과 잡초를
없애기도 했습니다. 결과는 놀라웠습니다. 기아에 시달리던 지역의 식
량 생산량이 급격하게 늘어나기 시작했어요.

녹색 혁명이 불러온 새로운 농사법 덕분에 식량 위기를 무사히 넘긴
국가가 적지 않습니다. 하지만 새로운 농사 기술이 모든 것을 해결해 주
지는 못했습니다. 예상치 못한 부작용이 발생했지요. 바로 환경오염이
었습니다. 환경오염 문제는 쉽게 해결되지 않았지요. 오늘날에도 환경
오염은 날이 갈수록 심각해지고 있는 상황입니다.

녹색 혁명은 미래의 환경에 아래와 같은 악영향을 주었습니다.

- 화석 연료와 화학 비료: 대규모 농업에는 흔히 농기계가 사용됩니다. 농기계를 작동하는 데는 화석 연료가 필요하지요. 또한 농작물을 더 크고 튼튼하게 키우기 위해 화학 비료를 사용하는 경우도 많습니다. 화석 연료와 화학 비료는 둘 다 석유와 천연가스를 원료로 만들어 냅니다. 그런데 석유와 천연가스는 현재 급속도로 고갈되고 있지요. 더욱이 화석 연료와 화학 비료는 환경 오염의 주범이기도 하고요.
- 삼림 파괴: 가축으로부터 고기나 알이나 젖을 얻으려면 사료를 먹여 길러야 합니다. 그 때문에 가축에게 먹일 사료를 얻기 위해 따로

생각해 보기

오늘날에는 먹는 용도뿐 아니라 다양한 목적으로 농작물을 기르고 있다. 이를테면 '부들'은 연료 작물로 기르는 대표적인 식물이다. 부들은 주로 발전소에서 연료로 사용되며 디젤 자동차의 연료로도 사용되고 있다. 대두나 유채처럼 가축에게 사료로 주기 위해 기르는 작물도 있다.

가축을 길러 고기나 알을 얻는 일도 중요하다. 하지만 식량 대신 사료나 연료를 생산하는 것이 인류의 미래에 바람직할까? 부들과 대두는 식량을 기를 수 있는 농지에서 재배되고 있다. 많은 사람이 식량난으로 인해 죽어 가고 있는데 식량 대신 연료나 가축 사료를 기르는 일이 올바른 것일까?

밀과 쌀과 함께 세계 3대 곡물로 꼽히는 옥수수에서는 휘발유를 대체하는 에탄올을 얻을 수 있다. 하지만 옥수수를 연료로 쓰려고 한 시도는 옥수수를 주식으로 삼는 아프리카 국가 국민들에게는 식량 위기를 가중시키는 주범이 되고 있다.

농사를 짓기도 하지요. 사료로 사용할 작물을 기르기 위해 넓은 야생 지역을 개간하여 경작하는 경우도 잦습니다. 그런데 이러한 무분별한 개간 때문에 생태계가 심각하게 파괴되고 있는 것도 엄연한 사실입니다.

• 오염 물질: 제초제와 살충제는 환경을 오염시키는 화학 물질을 원료로 만듭니다. 이러한 화학 물질은 토양 속에 머물다가 비가 오면 씻겨 내려가지요. 씻겨 내려간 화학 물질은 수로로 흘러들어 가 식수를 오염시킵니다. 빗물에 씻겨 내려가지 않은 화학 물질은 토양에 머물러 있다가 농작물에 흡수되어 그 작물을 먹는 사람의 건강에 좋지 않은 영향을 주지요.

저렴한 식품과 공장식 축산업

사람은 자동차나 컴퓨터 없이는 살 수 있어도 음식 없이는 살 수 없습니다. 그런데 흥미롭게도 사람들은 식품 구입비는 최대한 아끼려 합니다. 찬거리를 살 때, 함께 간 어른들이 가급적 저렴한 식재료를 사려고 애쓰시는 모습을 본 적이 있을 거예요. 그런데 이러한 경향은 농가의 식량 생산 방식에 큰 영향을 줍니다. 그렇게 되면 농가에서는 가능한 저렴한 비용으로 농사를 짓고 가축을 기르게 됩니다. 싼 가격에 식품을 맞추다 보면 자연스레 음식의 질은 떨어질 수밖에 없게 되지요.

'공장식 축산업'이란 말을 들어 본 적 있나요? 식재료의 가격을 내리기 위한 노력에 갖은 수단을 강구하다 보니 수천 마리의 닭과 돼지를 비좁은 축사에 가둬서 기르는 방법도 고안하게 되는 거죠. 비좁은 축사에서 마치 공장에서 찍어내듯 가축을 기르는 일을 '공장식 축산업'이라고 불러요. 공장식 축산업은 가축에 대한 항생제 오남용, 전염성 질환의 빠른 전파, 생명 경시 풍조 조장 등 여러 가지 문제점을 안고 있지요.

생각해 보기

우리가 사는 지역에서 기르는 작물에는 어떤 것이 있을까? 또한 그 작물들은 주로 어떻게 소비되고 있을까? 기회가 된다면 가까운 농가를 방문해 보자. 논밭을 유심히 관찰해 보면 주로 재배되는 작물이 어떤 종류인지 알 수 있다. 단, 작물을 기르는 논이나 밭에 함부로 들어가서는 안 된다. 작물의 성장에 안 좋은 영향을 끼칠 수 있기 때문이다.

대안 농업

과학자들은 더 나은 미래를 위해, 이른바 '지속가능한 농사법'으로 불리는 새로운 농사법을 개발하려고 끊임없이 노력하고 있습니다. 지속가능한 농사법이란 환경 오염을 최대한 줄이면서 먼 미래에도 계속해서 안전하게 농사를 지울 수 있는 농사 방법을 말합니다. 지속가능한 농사법에는 다음과 같은 예들이 있습니다.

- 인공 제초제나 비료를 사용하지 않는 유기농 재배 방식으로 농작물을 기릅니다.
- 쟁기질을 하지 않고 씨를 뿌리는 농사법도 있습니다. 쟁기질을 하지 않으면 토양 속에 들어 있는 탄소가 공기 중으로 방출되지 않게 가둬 둘 수 있지요. 공기 중으로 방출된 탄소는 기후 변화를 일으킵니다. 토양 속의 탄소가 방출되지 않게 하는 농사법은 기후 변화를 막는 또 하나의 방법입니다.
- 자연을 모방하고 이용하는 자연 농업을 시도해 볼 수도 있습니다.

자연 농업

자연 농업이란 지속가능한 농사법 중 하나입니다. 자연 농업은 현대의 발달된 농사 기법과 달리, 자연을 거스르지 않고 자연과 함께하는 방식의 농사법을 뜻합니다. 자연 농업을 표방하는 사람들은 농사를 짓고자하는 지역의 자연을 관찰하고 그 특성을 파악합니다. 그다음 해당 지역의 기후 변화나 그 지역에 서식하는 생물의 습성을 최대한 농업에 이용합니다. 자연을 모방하고 이용함으로써 최소한의 노력을 들여 최대한의 수확을 얻는 것이 자연 농업의 기본 자세이지요.

자연 농업에서는 비료나 농약을 쓰지 않습니다. 흔히 유기농 농업에서 사용하는 퇴비조차 사용하지 않고 농사를 짓지요. 인위적인 것을 가급적 배제하여, 토양과 작물 속에 숨어 있는 생명력을 이끌어 내고 재활용하는 것이 가장 바람직한 농법이라는 게 자연 농업을 시도하는 사람들의 생각입니다. 그래서 땅을 가는 방식을 여러 가지로 고안해 본다든가, 다른 식물이나 동물의 힘을 빌려 병충해를 몰아내는 법을 찾아내곤 합니다.

자연 농업은 농사뿐만 아니라 일상생활에도 적용할 수 있습니다. 가장 손쉽게 실천할 수 있는 행동으로는 자원 재활용과 중고품 사용이 있

플라스틱 시트 아래 토마토를 심을 수 있다. 플라스틱 시트는 토양 속의 수분을 유지하면서 잡초가 자라는 것을 막아준다.

지요. 좀 더 시야를 넓히면 '지속가능한 지역 공동체'를 형성하는 것도 자연 농업의 범주에 포함됩니다. 이러한 지속가능한 공동체들은 환경에 해를 끼치지 않고 지역 농산물로 생활함으로써 자연과 조화롭게 사는 삶을 추구하지요.

간추려 보기

- 지난 50년 동안 농작물 생산량은 인구 증가율보다 큰 폭으로 증가했다.
- 새로운 농사법은 종종 환경에 심각한 피해를 끼치기도 한다.
- 오늘날 과학자들은 환경 오염을 최소화하는 '지속가능한 농사법'을 개발하려고 끊임없이 노력하고 있다.

7

CHAPTER

건강한 식품
건강한 미래

충분한 양의 식량을 공급하는 것만으로 모든 문제가 해결될까요? 그렇지 않습니다.
우리가 섭취하는 식품은 신선해야 하고, 건강을 유지하는 데 필수적인 영양소가 골고
루 들어 있어야 하기 때문입니다. 단지 배부르게 먹을 수 있다고 해서 식량 문제가 완
전히 해결된 것은 아니지요.

유엔 식량농업기구에 의하면 기아로 인해 영양실조에 시달리는 사람이 전 세계에서 무려 8억 5천만 명에 이른다고 합니다. 영양실조는 흔히 인식하는 것보다 훨씬 심각한 질병입니다. 영양실조로 인해 시력을 상실하거나 구루병, 뇌기능 장애와 같은 추가적인 질병을 얻는 경우도 있지요. 그런데 영양실조로 생긴 질병은 영양 상태만 개선되면 대부분 간단하게 나을 수 있습니다. 1999년 세계보건기구의 브루트란드 사무총장은 영양실조로 인한 시력 손상의 80퍼센트는 꾸준한 비타민 복용만으로 간단히 해결할 수 있는 질환이라고 말하기도 했어요.

건강한 식품이란?

지금 이 순간에도 전 세계에는 식량 부족으로 생존의 위험을 겪고 있는 사람이 수백만 명에 이릅니다. 단순히 영양실조에 걸린 사람까지 계산하면 그 수는 수십 배 이상 커지지요. 지금도 각국 정부와 자선 단체들은 굶주리는 사람들을 위해 충분한 식량을 공급하려고 많은 노력을 다하고 있어요. 그런데 과연 충분한 양의 식량을 공급하는 것만으로 모든 문제가 해결될까요? 그렇지 않습니다. 우리가 섭취하는 식품은 신선해야 하고, 건강을 유지하는 데 필수적인 영양소가 골고루 들어 있어야 하기 때문입니다. 단지 배부르게 먹을 수 있다고 해서 식량 문제가 완전히 해결된 것은 아니지요.

건강한 식품을 먹어야 몸이 튼튼해집니다. 건강한 식품은 우리 몸에 질병과 싸울 수 있고 활기차게 활동할 수 있는 에너지를 줍니다. 그러나 영양소의 균형이 잡히지 못한 식품은 우리 몸의 균형을 무너뜨려 생존을 위협하기도 하지요.

건강한 식품인지, 아닌지는 어떻게 구별할 수 있을까요? 우선 건강한 식품은 안전해야 합니다. 또한 깨끗하고 신선해야 하지요. 오염되거나 상한 식품은 영양도 부족하거니와 인체에 치명적인 질병을 퍼뜨릴 수 있습니다.

알아두기

우리는 끼니마다 건강한 식품을 섭취하고 있을까? 우리 가족이 일주일 동안 먹고 있는 식품의 목록을 살펴보자. 식생활 중 가공 식품을 선택하는 비중은 얼마나 되는가? 겉포장에 표시된 영양 성분표를 보고 가공 식품에 들어 있는 성분들을 파악해 보자. 아래처럼 표를 작성하면 더 쉽게 식단을 파악할 수 있다.

날짜	음식	탄수화물	단백질	설탕	소금	지방

햄버거 같은 패스트푸드는 쉽게 구할 수
있지만 영양이 불균형한 경우가 많다.

건강한 식품은 다양한 재료를 사용해 만든 식품을 의미하기도 합니
다. 우리 몸은 아래와 같은 다양한 종류의 식품을 골고루 섭취해야 최상
의 상태를 유지할 수 있지요.

- 탄수화물이 든 음식(쌀, 빵, 감자, 파스타)
- 신선한 과일과 채소
- 단백질이 풍부한 음식(계란, 콩, 어류, 육류)
- 유제품(치즈, 요구르트)

식량 불모지
사람들은 흔히 오지에 사는 아주 소수의 사람들만 굶주림을 경험한다
고 오해합니다. 기아는 저 먼 아프리카에서나 생기는 문제라고 생각하는

사람도 많아요. 하지만 우리가 사는 대도시에서도 지금 이 순간 수많은 사람이 굶고 있습니다. 그중에는 이른바 '식량 불모지'에 살고 있는 사람들도 있지요. 식량 불모지란 거주지와 가까운 거리에 건강한 식품을 파는 곳이 거의 없는 도심 지역을 말합니다. 장애인이나 노인을 비롯한 빈곤층에게는 멀리 떨어진 슈퍼마켓까지 이동하는 일조차 부담스러운 일입니다. 바쁘게 일을 해야 하기 때문에 슈퍼마켓에 갈 시간조차 없거나 경제력이 없어 교통비마저 아껴야 살 수 있는 사람들도 있지요.

이들이 마음 편하게 음식을 먹을 수 있는 곳은 집 가까운 곳에 위치한 패스트푸드점뿐입니다. 하지만 패스트푸드점 음식의 상당수는 몸에 나쁜 지방이 많이 들어 있고, 좋은 영양소는 적게 든 경우가 많습니다. 따라서 패스트푸드 음식을 먹는 이들은 비만이 되거나 건강을 잃을 확률이 높지요.

파키스탄의 라호르 시에서
한 아이가 구호 식량을 먹고 있다.

생명을 위협하는 식품

일부 지역에서는 식량 부족으로 큰 괴로움을 겪고 있지만, 남아도는 식량을 버리는 문제로 골머리를 앓는 나라도 있습니다. 이러한 곳에 사는 사람들은 대개 필요 이상으로 음식을 많이 먹는 경향이 있지요. 현재 지구상에는 체중이 너무 많이 나가는 사람이 무려 10억 명 이상 존재한다고 합니다. 그중 3억 명가량이 비만으로 분류되지요.

비만이란 몸에 축적된 지방의 양이 너무 많아 건강을 위협하는 상태를 의미합니다. 비만은 보통 칼로리가 높은 식품을 많이 먹고 충분한 운동을 하지 않기 때문에 발생합니다. 비만인 사람은 정상 체중인 사람보다 더 일찍 사망한다는 연구 결과가 있지요. 또한 암을 비롯한 기타 질병으로 고생할 확률이 훨씬 높답니다.

비만 인구 비율이 높은 국가 순위

순위	국가	전체 인구에서 차지하는 비율
1	아메리칸사모아	93.5
2	키리바시(태평양)	81.5
3	미국	66.7
4	독일	66.5
5	이집트	66.0
6	보스니아 헤르체고비나	62.9
7	뉴질랜드	62.7
8	이스라엘	61.9
9	크로아티아	61.4
10	영국	61.0

세계보건기구(WHO)가 2000년부터 2008년까지 조사한 결과에 따르면, 비만 인구 비율이 가장 높은 국가는 다음과 같은 순서였다.

충분한 양의 식사를 한다고 해서 꼭 건강해진다고는 말할 수 없습니다. 잘못된 식품을 선택해 식사하면 금세 비만이 되기 쉽고, 예기치 못한 건강상의 문제를 겪을 가능성도 있어요. 게다가 현대인이 쉽게 접할 수 있는 식품은 대부분 가공 식품입니다. 재료를 자르고 익히고 양념해 만드는 통조림이 가공 식품의 대표적인 예지요. 가공 식품에는 설탕과 소금, 지방 등이 지나치게 많이 들어 있어요. 또한 우리 몸에 나쁜 화학 성분이 포함되어 있고, 필수적인 영양소는 턱없이 부족하지요.

'건강하지 못한' 음식을 오랜 기간 섭취한 사람은 당뇨나 심장병, 암과 같은 질병을 앓을 가능성이 높습니다. 건강하지 못한 식품에 오랫동안 노출된 사람들은 굶주림으로 인해 영양실조에 걸린 사람과 별 다를 바가 없습니다. 필수적인 영양소가 부족하면 성장이 제대로 이루어지지 않고, 질병에 취약한 몸을 가지게 되니까요.

기아 문제, 희망은 있을까?

지금까지 전 세계가 겪고 있는 기아 문제를 종합적으로 살펴보았습니다. 기하급수적인 인구 증가, 지구 온난화로 인한 기후 변화, 사막화와 도시화, 정치 분쟁과 내전 등 사람들을 굶주림의 지옥으로 몰아넣는 원인은 참으로 다양했습니다. 지금 이 순간에도 지구는 점점 더워지고 있고, 사막의 면적 또한 늘어나고 있습니다. 세계 곳곳에서 정치적 대립으로 인한 전쟁이 일어나고, 부패한 정권이 들어서서 굶주린 사람들의 식량을 빼앗아 갑니다. 날이 갈수록 이러한 문제들은 해결되지 않고 더 복잡해져만 가지요. 워낙 다양하고 뿌리 깊은 원인을 가진 문제들이

어서 쉽게 해결될 것 같지 않습니다. 과연 어느 누구도 굶어 죽는 일 없이 사는 평화롭고 건강한 미래가 찾아 올 수 있을까요? 어떻게 하면 기아로 고통받는 사람 없는 세상을 만들 수 있을까요?

기아 문제를 타개하기 위한 가장 우선적인 과제는 인도적 차원의 구호활동을 더 강화하는 것입니다. 당장 먹을 거리가 없어 끼니를 굶는 사람에게는 무엇보다 시급한 일이지요. 현재 각국 정부와 국제 자선 단체들은 기아에 허덕이는 나라에 식량 및 투자 지원을 아끼지 않고 있어요. 그런데 이 과정에서 부패한 정치 세력의 개입으로 정작 식량이 필요한 사람들에게 구호 물품이 돌아가지 않는 문제점들이 생겨나고 있지요. 따라서 구호 활동을 더 강화하여 이러한 문제점이 생기지 않도록 미연에 방지하는 노력이 필요합니다.

하지만 기아 문제에 대한 해결책이 구호 활동이나 식량 원조에만 그쳐서는 안 됩니다. 일시적인 도움은 기아와 빈곤에 시달리는 사람들에게 근본적인 변화를 가져다 주지 못하니까요. 사람들이 식량을 자급자족할 수 있게 만드는 방안을 마련하고, 대대적인 농업 개혁을 통해 식량을 생산할 수 있는 기반을 확립해야 합니다. 또한 새로운 도로를 건설하고, 사막화를 막기 위한 녹지 사업을 진행하는 등 식량의 생산과 유통과 관련한 인프라를 구축해야 모든 사람이 굶지 않고 건강하게 살 수 있습니다.

물론 이러한 일은 정부나 사회 단체가 주도하여 시행해야 하는 일입니다. 하지만 사람들의 관심과 참여가 있을 때 가능한 일이지요. 구호 사업이나 기아 퇴치 운동에 기부하거나 직접 활동하는 사람들도 있습니다. 그러나 정부나 사회 단체가 하는 사업과 운동에 관심을 갖고 꾸준히 지켜보거나,

침착하게 감시하는 일 역시 중요합니다. 정부와 사회 단체가 하는 일이 과연 올바른 일인지, 올바른 일이라면 과연 제대로 하고 있는지 말이지요.

자본의 횡포를 막는 작은 실천들

선진국에서 더 많은 식량과 더 많은 연료를 생산하기 위해 시행하는 정책들이 개발 도상국의 농촌 경제를 망쳐 놓는다는 사실을 앞서 살펴본 바 있습니다. 인류 전체가 충분히 먹고 살 수 있을 만큼 막대한 식량이 생산되고 있음에도 수많은 사람들이 굶어 죽는 상황이 초래된 상황은 모두 자본의 횡포 때문이지요.

자본의 횡포에 대항하기 위해 기업과 자본과 정부의 횡포를 감시하고 고발할 수 있어요. 또는 감시나 고발을 하는 단체나 모임에서 활동하거나 기부를 하는 방법도 있지요. 하지만 작은 실천만으로도 큰 효과를 볼 수 있는 좋은 방법이 있어요. 바로 거대 기업이 생산한 식품보다는 작은 농가에서 재배한 식품을 구입하거나, 소득이 기업이 아닌 농부에게 더 크게 돌아가는 공정무역 상품을 즐겨 이용하는 거예요. 음식을 사 먹을 때에도 그러한 재료를 사용한 식당을 애용하거나, 해외에서 들여오지 않은 국산 농산물을 소비하는 것도 좋은 방법이지요. 에너지를 절약하고 대중교통을 이용하는 일도 연료 작물의 생산을 막는 멋진 활동이에요. 음식을 남기지 않고, 물과 자원을 아껴 쓰는 일도 크게 보면 모두 기아 문제 해결에 도움을 줄 수 있습니다. 정말 작고 사소한 일들이지요!

무엇보다 기아가 먼 나라의 일이 아닌 우리들 자신의 일이라는 사실을 잊어서는 안 됩니다. 기아는 지구 반대편 아프리카에서도 일어나지만, 우리가 사는 곳에서도 매 순간 적지 않은 사람들이 기아에 시달리고 있습니다. 우리가 무심코 음식을 남기는 지금 이 순간에도 우리 주변에는 한 줌의 음식도 얻을 수 없어 배를 곯는 사람들이 있을 수도 있다는 사실을 잊지 마세요. 하루 한 끼를 근심하며 살아가는 사람들의 문제를 자신의 일처럼 고민할 수 있다면 우리가 해야 할 일과 해서는 안 될 일도 자연스럽게 떠올릴 수 있을 겁니다.

간추려 보기

- 우리가 섭취하는 식품은 신선해야 하고, 건강을 유지하는 데 필수적인 영양소가 골고루 들어 있어야 한다.
- 기아에 허덕이는 사람들에게는 식품을 선택할 선택권조차 없는 경우가 많다.
- 기아 문제는 여러 가지 원인이 뒤섞인 복잡한 문제이지만, 그 열쇠는 우리 모두의 실천에 달려 있다.

용어 설명

가뭄 한 지역에서 오랫동안 심한 물 부족 현상이 나타나는 현상. 가뭄이 일어나면 경작량이 감소하여 기아가 발생하기 쉽다.

가축 음식이나 섬유를 얻기 위해 사람이 기르는 동물.

개발 도상국 경제 발전이 뒤져 있어 현재 개발을 추진하고 있는 국가. 선진국에 비해 돈, 식량, 무역의 상태가 안정적이지 못하다.

고난의 행군 1990년대 중반 북한이 국제적 고립과 자연재해 등으로 극도의 경제적 어려움을 겪으며 내세운 구호. 1996~2000년 사이에 북한에서는 33만 명의 국민이 기아로 사망했다.

국제연합(UN) 평화와 안보를 증진하기 위해 1945년에 조직된 다양한 국가로 이루어진 단체.

녹색 혁명 1960~1970년대 개발 도상국에서 농업 생산량이 폭발적으로 늘어난 현상. 단위 면적당 생산량이 높고 병충해에 강한 작물을 개발하고, 비료를 적극적으로 사용하고, 새로운 농사 기법을 도입하여 이루어졌다. 2차 세계 대전 이후 폭발적으로 늘어나는 개발 도상국의 식량 사정을 완화해 주었지만 환경오염을 일으켰다.

빈곤 생활에 필요한 최소한의 물자가 없는 상태. 빈곤은 크게 세 가지로 나뉜다. 첫 번째는 절대적 빈곤으로 의식주 등 기본적 욕구를 충족하지 못하는 상황을 말하며, 두 번째는 상대적 빈곤으로 같은 사회 내의 평균적 생활 수준에 비해 적게 가진 상태를 말한다. 마지막으로는 각자 스스로 느끼는 주관적 빈곤이 있다.

생활용수 일상생활에서 쓰이는 물. 공업에 사용하는 물은 공업용수라고 부른다.

선진국 경제 발전이 앞서 있는 국가. 자본, 식량, 무역의 상태가 안정적이다.

식량 보장 인구 증가나 천재지변, 전쟁 등으로 인한 식량 감소에 대비하여 평소에 안전한 음식 공급처를 보장받을 수 있는 것. 개인의 식량 보장만큼이나 국가의 식량 보장도 중요하다.

식민지 정치적 · 경제적으로 다른 나라에 예속되어 국가로서의 주권을 상실한 나라. 원래 민족이나 국민의 일부가 거주하던 땅을 버리고 새로운 곳으로 이주하여 건설한 사회를 의미하였으나, 오늘날에는 외국의 지배를 받는 지역이라는 의미로 더 자주 사용된다. 해외 영토나 속령이라고도 부른다.

식용 작물 식량을 얻기 위해 재배하는 작물. 벼, 옥수수, 밀, 감자, 콩 등이 대표적이다. 넓은 의미로는 채소나 과일을 포함하기도 한다.

연료 작물 발전소에서 연료로 사용하거나 자동차 연료로 사용하기 위해 기르는 곡식.

영양실조 필수 영양소 섭취가 부족해 병을 비롯한 기타 문제를 겪는 것.

자연 선택설 생물이 변이의 과정을 거쳐 환경에 적응한 생물은 살아남고 그렇지 못한 생물은 자연스럽게 멸종한다는 가설. 진화론을 만든 찰스 다윈이 주장했다. 적자생존의 법칙이라고 한다. 그러나 자연 선택설은 다윈 이론의 개요만을 차용하여 부당하게 사용되는 경우가 많다. 대표적인 예로 기아와 인구 감소를 자연 선택설로 설명하려는 시도를 들 수 있다.

자유방임주의 개인의 경제 활동의 자유를 최대한으로 보장하고, 국가의 간섭을 최대한 배제하는 경제 사상 및 정책. 애덤 스미스가 주장하고 체계화했다. 애덤 스미스는 《국부론》을 통해 '보이지 않는 손'이 시장에서 공정한 소득 분배를 구현한다고 주장했다.

지구 온난화 온실가스 증가로 전 세계 기온이 상승하는 것.

표층토 지면에서 아래로 30센티미터까지의 토양. 표층토는 식물의 생장에 필요한 양분을 저장하고 공급할 뿐 아니라, 탄소를 저장하고 기후를 조절하며 오염 물질을 정화하는 등 환경적으로도 중요한 역할을 수행한다.

환금 작물 내다 팔기 위해 재배되는 농업 작물을 말한다.

화석 연료 고대 식물이나 동물이 부패해서 만들어진 석탄이나 석유 같은 연료.

연표

기원전 22세기

수십 년에 걸친 가뭄이 상이집트를 강타했다. 그 결과 생긴 기아와 내전으로 이집트 구 왕조가 붕괴했다.

1315~1317년

유럽 전역을 휩쓴 대기근으로 유럽 전체 인구 중 10~25퍼센트가 사망했다.

1670~1671년

경신 대기근. 조선 18대 현종 시대 때 2년에 걸쳐 기근이 발생했다. 백성 모두가 흉년 때문에 고생을 했고, 30~80만 명이 사망했다.

1702~1704년

영국의 식민지였던 인도에서는 데칸고원에서 시작된 기근으로 2백만 명이 사망했다. 당시 인도의 식량 생산은 풍족한 편이었지만 영국 정부는 데칸고원의 가뭄과 그로 인해 생긴 식량 자원 투기 행태를 묵인했다.

1782~1788년

텐메이 대기근. 일본 에도 시대에 일어난 일본 근대 사상 최대의 기근. 이상 기후로 일본 각지의 화산이 분화하면서 농산물이 심각한 냉해를 받아 생겼다. 사람들은 먹을 것을 찾아 도시로 몰렸고, 도시에서는 폭동이 일어났다.

1798년

영국의 경제학자 맬서스가 《인구론》을 발표했다. 맬서스는 책을 통해 식량 생산의 증가는 인구 증가를 따라갈 수 없으므로 빈곤과 기아의 증대는 피할 수 없다고 주장했다.

1847~1852년	아일랜드 대기근. 아일랜드에서 감자마름병으로 주식인 감자 수확이 불가능해지자 생겼다. 플랜트 농업의 문제, 식민지 문제, 자본과 종교 문제가 섞여 일어난 역사상 최악의 대참사로 기록되어 있다.
1924년	9월 유엔총회에서 아동권리선언 채택.
1941~1944년	제2차 세계 대전 당시 독일군이 소련의 도시인 레닌그라드를 봉쇄했다. 포격과 함께 덮친 극심한 기아로 인해 60~100만의 시민이 사망했다.
1943년	영국의 식민지인 인도 벵골에서 대기근이 발생하여 300만 명이 사망했다.
1946년	유엔아동기금, 유니세프가 설립되었다.
1958년	유엔총회가 어린이 인권 선언을 채택하였다.
1960~1962년	중국에서 대약진 운동의 여파로 약 4,000만 명이 기아로 사망했다.
1967~1969년	아프리카의 작은 국가인 비아프라에서 전쟁이 일어나 기아로 200만 명이 사망했다. 이 일로 인하여 훗날 국경 없는 의사회가 생겨났다.

| 1981년 | 인도의 경제학자 아마르티아 센이 《빈곤과 기아》를 출간했다. 책에서 센은 식량 공급량의 감소보다는 임금 감소, 실업, 식량 가격 상승, 식량 배급 체계 미비 등의 수많은 사회·경제적 요인들이 복합적으로 작용하여 사회 내 특정 집단의 기아를 유발시킨다고 주장했다. 센은 민주주의가 제대로 기능하는 곳에서는 지도층이 국민들의 요구에 부응해야 하기 때문에 기아가 발생하지 않는다고 생각했다. 센은 경제 성장을 이루기 위해서는 교육과 공중 보건의 개선과 같은 사회 개혁이 경제 개혁보다 선행되어야 한다고 주장했다. 경제학계의 마더 테레사라 불리며, 1989년에 노벨 경제학상을 수상했다. |

| 1989년 | 11월 20일 유엔아동권리협약이 유엔총회에서 만장일치로 채택되었다. 아동을 단순한 보호대상이 아닌 존엄성과 권리를 지닌 주체로 보고 아동의 생존, 발달, 보호에 관한 기본 권리를 명시한 협약이다. |

| 1991~1992년 | 국제연합이 에티오피아를 '기근 지역'으로 선포했다. |

| 1998년 | 수단에서 기근이 발생하여 현재까지 진행 중에 있다. |

| 2000년 | 국제연합이 유엔새천년개발목표를 의제로 채택했다. 2015년까지 빈곤을 절반으로 감소시키기로 결의했다. |

| 2011년 | 국제연합이 소말리아 중남부 지역을 '기근 지역'으로 선포했다. |

더 알아보기

세이브더칠드런 www.sc.or.kr
전 세계 빈곤 아동을 돕는 국제 기구. 1919년 영국에서 처음 시작했다. 세계 최대의 비영리 기구로서 120여 개국 이상에서 국제 세이브더칠드런 연맹이라는 이름으로 활약하고 있다. 한국에서는 1953년부터 활동하기 시작했다.

유니세프 www.unicef.or.kr
유엔아동기금. 전쟁으로 피해 받은 아이들을 구호하고 가난한 국가 아이들의 복지 향상을 위해 설치된 국제연합 특별 기구. 1946년에 설립되었으며 1965년 노벨평화상을 받았다. 한국은 1950년부터 유니세프로부터 다양한 지원을 받았으며, 1994년부터 지원을 받는 국가에서 지원을 하는 국가로 바뀌었다.

국경 없는 의사회 www.msf.or.kr
약칭은 MSF이다. 의사와 언론인 12명이 1971년 파리에서 '중립 · 공평 · 자원'의 3대 원칙과 '정치 · 종교 · 경제적 권력으로부터의 자유'라는 기치 아래, 전쟁 · 기아 · 질병 · 자연재해 등으로 고통받는 세계 각 지역의 주민들을 구호하기 위하여 설립한 국제 민간 의료 구호 단체다.
세계 20개국에 사무소를 둔 세계 최대의 비군사, 비정부간 긴급 의료 구호 단체로 창립 때부터 개인 기부금으로 재정의 77%를 충당함으로써 독립성과 자율성을 확보해 왔다. 1999년 노벨평화상을 받았다.

굿네이버스 www.goodneighbors.kr
1991년 한국인에 의해 설립되어, 대한민국 최초로 유엔경제사회이사회로부터
포괄적 협의지위를 부여받은 국제구호개발NGO. 굶주림 없는 세상, 더불어 사
는 세상을 만들기 위해 빈곤과 재난, 억압으로 고통받는 이웃의 인권을 존중하
며 그들이 희망을 갖고 자립적인 삶을 살아갈 수 있도록 돕는다.

국제연합 식량농업기구 www.fao.or.kr/archives
1943년 루즈벨트 미국 대통령이 전후 세계 경제 및 사회 질서의 확립을 위하여
"언론, 신앙, 공포 및 궁핍으로부터의 해방 그리고 식량은 인류의 복지와 세계
평화의 기본이 된다(4대 자유 선언)."고 제창함에 따라 1945년 설립되었다. 사
이트에서는 전 세계 기아 상황에 대한 자료를 찾아 볼 수 있다.

유엔세계식량계획 ko.wfp.org
1961년 창설되었다. 개발 도상국의 기아 해방을 위한 잉여 농산물 원조를 목적
으로 한다. 주요 사업에는 긴급 지원, 장기 긴급 구호, 개발 원조, 특별 사업이
있다. 사이트에서는 기아에 관한 갖가지 유용한 통계를 제공하고 있다.

찾아보기

내인생의책은 한 권의 책을 만들 때마다
우리 아이들이 나중에 자라 이 책이 '내 인생의 책'이라고 말할 수 있는 책을 만들고자 합니다.

세상에 대하여 우리가 더 잘 알아야 할 교양
39 기아 왜 멈출 수 없을까? (원제:Avoiding Hunger And Finding Water)

앤드루 랭글리 글 ㅣ 이지민 옮김 ㅣ 마이클 마스트란드리·김종덕 감수

초판 발행일 2014년 12월 26일 ㅣ 2쇄 발행일 2022년 2월 14일
펴낸이 조기룡 ㅣ 펴낸곳 내인생의책 ㅣ 등록번호 제10-2315호
주소 서울특별시 서초구 강남대로373 홍우빌딩 16층 114호
전화 (02)335-0449, 335-0445(편집) ㅣ 팩스 (02)6499-1165
전자우편 bookinmylife@naver.com ㅣ 카페 http://cafe.naver.com/thebookinmylife
편집장 이은아 ㅣ 편집1팀 조정우 이다겸 이지연 김예지 ㅣ 편집2팀 박호진 이성빈 이동원
디자인 안나영 김지혜 ㅣ 경영지원 김지연 ㅣ 마케팅 서영광

ISBN 979-11-5723-108-9 44300
ISBN 978-89-97980-77-2 44330(세트)

책값은 뒤표지에 있습니다. 잘못된 책은 구입처에서 바꾸어 드립니다.

이 도서의 국립중앙도서관 출판시도서목록(CIP)은 e-CIP 홈페이지(http://www.ml.go.kr/ecip)에서 이용하실 수 있습니다.
(CIP제어번호: 2014029029)

디베이트 월드 이슈 시리즈

세상에 대하여 우리가 더 잘 알아야 할 교양

전국사회교사모임 선생님들이 번역한 신개념 아동·청소년 인문교양서!

《디베이트 월드 이슈 시리즈 세더잘》은 우리 아이들에게 편견에 둘러싸인 세계 흐름에서 벗어나 보다 더 적확한 정보와 지식을 제공합니다. 모두가 'A는 B이다.'라고 믿는 사실이, 'A는 B만이 아니라, C나 D일 수도 있다.' 라는 것을 알려 주면서 아이들이 또 다른 진실을 발견하도록 안내합니다.

★ 전국사회교사모임 추천도서 ★ 문화체육관광부 우수교양도서 ★ 한국간행물윤리위원회 청소년 권장도서 ★ 서울시교육청 추천도서
★ 보건복지부 우수건강도서 ★ 아침독서 추천도서 ★ 대교눈높이창의독서 선정도서 ★ 학교도서관저널 추천도서

① 공정무역 ② 테러 ③ 중국 ④ 이주 ⑤ 비만 ⑥ 자본주의 ⑦ 에너지 위기 ⑧ 미디어의 힘 ⑨ 자연재해 ⑩ 성형 수술 ⑪ 사형제도 ⑫ 군사 개입 ⑬ 동물실험 ⑭ 관광산업 ⑮ 인권 ⑯ 소셜 네트워크 ⑰ 프라이버시와 감시 ⑱ 낙태 ⑲ 유전공학 ⑳ 피임 ㉑ 안락사 ㉒ 줄기세포 ㉓ 국가 정보 공개 ㉔ 국제 관계 ㉕ 적정기술 ㉖ 엔터테인먼트 산업 ㉗ 음식문맹 ㉘ 정치 제도 ㉙ 리더 ㉚ 맞춤아기 ㉛ 투표와 선거 ㉜ 광고 ㉝ 해양석유시추 ㉞ 사이버 폭력 ㉟ 폭력 범죄 ㊱ 스포츠 자본 ㊲ 스포츠 윤리 ㊳ 슈퍼박테리아

세더잘 38

슈퍼박테리아 과학으로 해결할 수 있을까?

존 디콘실리오 글 | 최가영 옮김 | 송미옥 감수

**항생제 사용 제한이 가장 강력한 슈퍼박테리아 퇴치 방안이다.
vs획기적 새 항생제 개발만이 슈퍼박테리아를 퇴치할 수 있다.**

인류에게 새로운 공포의 대상으로 떠오르는 슈퍼박테리아는 항생제에 내성이 생겨 쉽사리 죽지 않는 변종 박테리아입니다. 슈퍼박테리아의 위험에서 벗어나기 위해서는 이제부터라도 항생제 사용을 줄여야 한다는 의견부터 슈퍼박테리아를 퇴치할 수 있는 새로운 항생제 개발에 노력을 기울여야 한다는 의견까지 여러 주장이 팽팽히 맞서고 있습니다. 슈퍼박테리아 감염으로부터 우리 자신을 지키는 가장 적절한 해결책은 무엇일까요?

스포츠 윤리 승리 지상주의의 타개책일까?

로리 하일 글 | 이현정 옮김 | 김도균 감수

**스포츠의 궁극적인 목적은 경쟁에서 우위를 점하고 승리를 거두는 것이다.
vs 승리도 중요하지만 스포츠의 본질을 해쳐서는 안 된다.**

운동선수 중에는 승리에 대한 집착이 심해진 나머지 규정을 어기면서 편법을 사용하고 심지어 금지 약물까지 복용하는 이들이 있습니다. 지나친 승리 지상주의에 빠진 결과지요. 그렇다면 승리 지상주의에서 벗어나 진정한 스포츠 정신을 지키기 위해 어떻게 해야 할까요? 스포츠 윤리가 그 해답이 될 수 있을까요?

세더잘 36

스포츠 자본

약일까, 독일까?

닉 헌터 글 | 이현정 옮김 | 김도균 감수

세더잘 35

폭력 범죄

어떻게 봐야 할까?

앨리슨 라쉬르 글 | 이현정 옮김 | 이상현 감수

세더잘 34

사이버 폭력

어떻게 대처할까?

닉 헌터 글 | 조계화 옮김 | 김동섭 감수

세더잘 33

해양석유시추

문제는 없는 걸까?

닉 헌터 글 | 이은주 옮김 | 최종근 감수